RÜBEN *und* BETEN

Edition
Fackelträger

ZUCKERRÜBE • *Pastinake* • SELLERIE • PE

HWARZWURZEL • *Meerrettich* • ROTE BETE

stinake • SELLERIE • PETERSILIENWURZEL

AROTTE • *Speiserübe* • STECKRÜBE • ZUCKE

hlrabi • SCHWARZER RETTICH • SCHWARZ

STECKRÜBE • **ZUCKERRÜBE** • *Pastinake* • SE

RETTICH • SCHWARZWURZEL • *Meerrettich*

ÜBE • *Pastinake* • SELLERIE • PETERSILIENW

eerrettich • ROTE BETE • KAROTTE • *Speiserü*

TERSILIENWURZEL • *Kohlrabi* • SCHWARZE

KAROTTE • *Speiserübe* • STECKRÜBE • ZUCK

hlrabi • SCHWARZER RETTICH • SCHWARZ

E • **ZUCKERRÜBE** • *Pastinake* • SELLERIE • PE

HWARZWURZEL • *Meerrettich* • ROTE BETE

stinake • SELLERIE • PETERSILIENWURZEL

eerrettich • ROTE BETE • KAROTTE • *Speiserü*

ZEL • *Kohlrabi* • SCHWARZER RETTICH • SCI

Speiserübe • STECKRÜBE • **ZUCKERRÜBE** • *P*

HWARZER RETTICH • SCHWARZWURZEL •

ZUCKERRÜBE • *Pastinake* • SELLERIE • PE

URZEL • *Meerrettich* • ROTE BETE • KAROTT

USCH VON DER WINDEN

RÜBEN
und
BETEN

Mit Fotos von
Joerg Lehmann

DIE
BESTEN
REZEPTE

Edition
Fackelträger

INHALT

ERDIG · SÜSS · WÜRZIG 36

Rote Bete **38**

Karotte **48**

Speiserübe **58**

Steckrübe **66**

HOLZIG · HERZHAFT · WARM 74

Zuckerrübe **76**

Pastinake **84**

Sellerie **92**

Petersilienwurzel **100**

HERB · PFEFFRIG · SCHARF 108

Kohlrabi **110**

Schwarzer Rettich **118**

Schwarzwurzel **126**

Meerrettich **134**

EINLEITUNG 6 · PORTRÄTS 12 · REGISTER 140

Viel zu lange haben sich Rüben,
Beten und Knollen bescheiden im
Küchenhintergrund gehalten,
dabei verbergen sich unter ihrer bisweilen
rauen Schale und ihrem urwüchsig-
groben Erscheinungsbild äußerst wertvolle
Inhaltsstoffe und köstliche Aromen.
Zylindrisch-schlank oder knollig-kurz,
schlicht weiß oder farbenfroh
leuchtend, von orangefarben bis rot-weiß
geringelt: Rüben und Beten über-
raschen als Energiebündel und Geschmacks-
garanten in den unterschiedlichsten
Ausprägungen.

Die Wurzeln
DES GUTEN
GESCHMACKS

GESUNDER GENUSS MIT TRADITION

Schon unsere Vorfahren wussten das älteste und vor allem auch im Herbst und Winter zugängliche Gemüse als Grundnahrungsmittel sehr zu schätzen. Dabei handelte es sich zunächst um die deutlich kleineren Wildformen von Rüben und Knollen, später um optimierte Zuchtformen aus dem Anbau auf Feldern und in Gärten. Wurzelgemüse sind die ältesten Gemüsepflanzen, die ursprünglich aus dem Fernen, Mittleren oder Nahen Osten zu uns kamen. Viele gelangten über den Mittelmeerraum mit den Römern in nördliche Gefilde. Entdeckungs- und Handlungsreisende brachten exotischere Exemplare von anderen Kontinenten mit: Seit Generationen bekannt sind einheimische Karotten, Rote Bete und Sellerie. Auch andere Rüben, Wurzeln und Knollen wie Knollenziest, Topinambur oder Haferkleewurzel fanden ihren Weg von fernen Kontinenten in europäische Gärten und Küchen. Rüben waren und sind nahezu in der ganzen Welt unproblematisch anzubauen, ertragreich, billig, wegen ihrer kurzen Vegetationszeit unempfindlich gegen Schädlinge und lange lagerfähig.

VOM ARME-LEUTE-ESSEN ZUM GOURMET-GENUSS

Heute wird die Sortenvielfalt von Rüben, Beten und Knollen in allen Länderküchen hoch geschätzt. Bei allen wurden im Laufe der Jahre, manchmal erst zu Beginn und Mitte des 20. Jahrhunderts, die Größe und damit ein höherer Ertrag herangezüchtet, auch Farbvariationen und gesteigerte Geschmacksintensität wurden hervorgebracht. Auch in Zeiten von Krieg und Hungersnot konnten sich die Menschen auf die zwar nicht immer so ansehnlichen Rüben und Knollen als „Retter" und Vitaminlieferanten verlassen. Bevor die Kartoffel die Teller eroberte, war die Weiße Rübe das Grundnahrungsmittel weiter Bevölkerungsschichten in Europa. Der Begriff „Steckrübenwinter" etwa wurde beinahe zum Synonym für einen besonders harten, entbeh-rungsreichen Winter, in dem einzig die Steckrübe tagein, tagaus auf den Tisch kam und die Ernährung sicherte. Dies und die eintönige Zubereitung durch viele Hausfrauen, vielleicht auch dem Mangel in Notzeiten geschuldet, sowie die Verfütterung von Rüben an Vieh mag zeitweise zum Ruf des Wurzelwerks als Arme-Leute-Essen beigetragen haben. Heute sind ökologisches Denken und gesunde Ernährung wieder ins Bewusstsein gerückt, nimmermüde Gourmets suchen nach dem neuen, ungewöhnlichen Geschmackskick und alte Gemüsesorten kehren in Gärten und auf Märkte zurück – man erinnert sich gern an die Vorzüge von Rüben und Beten.

GEMÜSEPOWER VOM FELD UND AUS DEM GARTEN

Rüben und Knollen werden verallgemeinernd und zusammenfassend gerne als „Wurzelgemüse" bezeichnet, dabei sind sie doch sehr unterschiedlich. Die Wurzeln einer Pflanze verankern sie im Boden und speichern Wasser und Nährstoffe zu ihrer Versorgung. In Rübe oder Knolle werden gleichermaßen hochkonzentriert die Nähr- und Mineralstoffe, Vitamine und Spurenelemente der Pflanze sowie Wasser gespeichert. Bei Rüben handelt es sich um die verdickten Speicherorgane von Stauden oder in der Wildform zweijähriger Arten: Diese werden aus der Hauptwurzel und dem Hypokotyl (Abschnitt zwischen Wurzel und Sprossachse) gebildet. Die Verdickungen wachsen entweder komplett unterirdisch, halb in der Erde oder gänzlich an der Oberfläche. Sie verfügen oberirdisch über basale Blätter und größere Blätter an kräftigen Stängeln. Kultiviert werden sie als einjährige, mehr oder minder frostharte Gemüse- oder Futterpflanzen. Bei Knollen hingegen haben sich entweder die Wurzel oder das Hypokotyl oder die Sprossachse beziehungsweise Teile davon zu einem knollenförmigen, unterirdischen, stärkehaltigen Speicherorgan verdickt.

*Auf den ersten Blick sind diese dunklen Wurzeln
nicht sehr ansehnlich. Aber wer sich mit ihnen einlässt
und unter die Schale schaut, erlebt sehr schnell
die vielen Vorzüge ihrer Vitamine und Mineralien.*

Die Petersilienwurzel wird aufgrund ihres süßlichen Geschmacks gerne in das fertige Bündel „Suppengrün" gepackt.

Die alten Kulturpflanzen können nahezu das ganze Jahr über geerntet werden und sind so jederzeit auf dem Markt, im Hofladen oder im gut sortierten Supermarkt erhältlich – und manch eine, wie die Pastinake, schmeckt gar nach Kälteeinwirkung und Zuckerbildung noch aromatischer. Alle sind frisch oder als knackige Lagerware auch ganzjährig regional erhältlich, wenn es andere heimische Gemüsesorten nicht gibt. Da Anbau und Lagerung so einfach sind, haben die wertvollen Vitaminlieferanten auch wieder den Weg in viele heimische Gärten gefunden und werden heute wieder vermehrt selbst gesät oder gesetzt. In nährstoffreicher, tiefgründiger, lockerer und wasserdurchlässiger Erde, am besten in lehmhaltigen Sandböden, gedeihen sie in Sonne und Halbschatten mit wenigen Ausnahmen ohne großen Pflegeaufwand. Im lockeren Boden können sich die Wurzeln ausdehnen, bei Trockenheit muss gegossen werden. Beim Einkauf sollte man darauf achten, dass die Feldfrüchte fest sind und ihr Äußeres ohne Risse oder Schrunden, sondern völlig unversehrt ist, das Blattwerk sollte ebenfalls noch frisch wirken und nicht welk herabhängen. Nur solche Gemüse sollten und können lange gelagert werden, ohne ihr Aroma einzubüßen: Im Gemüsefach des Kühlschranks halten sie bis zu zwei Wochen, in der Erdmiete oder in leicht feuchtem Sand in einem kühlen, gut belüfteten dunklen Keller gar mehrere Monate. Dabei macht es nichts, wenn noch Erdreste an ihnen anhaften, die Blätter jedoch sollten für die Lagerung zuvor oberhalb des Ansatzes abgeschnitten werden.

So viele Namen die Karotte in den verschiedenen Ländern hat, so unterschiedlich sind auch ihre Zubereitungsarten.

VERBLÜFFENDE FARBVIELFALT, INTENSIVER GESCHMACK

Heute entdecken wir all die unterschiedlichen Rüben neu oder wieder und staunen über Sortenvielfalt und spannende Farbspiele. Je kleiner die Rübe, desto intensiver das Aroma. Mit geringem Aufwand und wenigen weiteren Zutaten wird aus den kalorienarmen, rauen Gesellen ganz einfach etwas Besonderes. Bei den meisten Arten reicht es, sie vor der Zubereitung fest unter fließendem Wasser abzubürsten oder mit dem Sparschäler ganz dünn zu schälen. Dabei sind sie auf vielerlei Arten zuzubereiten: roh, gedünstet, gekocht, gebraten, gefüllt, püriert oder paniert gebacken. In vielen Fällen kann die ganze Pflanze samt Blätter und Blattstängel verwendet werden: Aus Rote-Bete-Blättern etwa wird ein frischer Salat, Kohlrabistängel und -blätter werden der Knolle bei der Zubereitung zur Geschmacksintensivierung zugegeben. Wurzelgemüse wird zum Garen in der Regel direkt mit leicht gesalzenem Wasser in den Topf gegeben und dann erhitzt, so gart es rasch und gleichmäßig. Nach dem Kochen mit der Messerspitze prüfen, ob es gar ist, es sollte noch etwas Biss haben. So viele Rüben, noch mehr Zubereitungsmöglichkeiten: Gehen Sie mit uns auf Geschmackserkundung, bringen Sie mit kreativen Gewürzideen die Aromen der wunderbaren Wurzeln zu voller Entfaltung – Experimentierfreude erwünscht! Um Sie neugierig auf die Vielfalt zu machen und den Einstieg zu erleichtern, vermeiden wir „Kraut und Rüben", sondern stellen Ihnen Rote Bete, Zuckerrübe, Kohlrabi und Co. geordnet und eingebettet in ihr Farb- und Aromenspektrum von Pink-Dunkelrot über Gelb-Weiß bis Grün-Grau-Schwarz, von süß oder holzig über warm und herzhaft bis herb und pfeffrig vor.

ROTE BETE

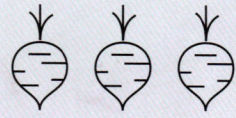

Bei der Urform der Roten Bete oder Roten Rübe dürfte es sich wohl um eine Wildbete aus dem östlichen Mittelmeerraum und Mittleren Osten gehandelt haben. Diese waren ursprünglich in Form und Größe deutlich weniger ebenmäßig als heute und die Farbe ihres Fruchtfleisches nicht so intensiv. Inzwischen gibt es weltweit Beten in unterschiedlichsten Farben wie Weiß, Gelb oder gar rotweiß geringelt, klein, groß, rund oder länglich.

Ab Ende April bis in den Sommer hinein wird die Rote Bete gesät. Nach der Keimung werden die jungen Pflanzen vereinzelt und ab dem zeitigen Herbst geerntet. Beten aus der Sommeraussaat werden für den Winter eingelagert und so sind von September bis März frische Beten zu genießen. Zum Gedeihen stellen sie wie die meisten Rüben und Knollen keine besonderen Ansprüche an den Boden. Etwa drei Viertel der Beten erscheint oberirdisch und wird von einzelnen großen grünen Blättern an fleischig-dicken, längeren violett-roten Stielen mit ebensolchen Blattadern gekrönt. Die hühnerei- bis faustgroßen Beten sind zumeist gleichmäßig rund, können aber auch leicht länglich wachsen. Eine dünne dunkle Schale umgibt das intensiv rot-violette, zarte, saftige und hocharomatische Fruchtfleisch, in dem die sich abwechselnden Holz- und

Bastringe gut erkennbar sind. Rote Bete und ihre Blätter enthalten Betanin, Eisen, Kalium, Kalzium, Magnesium, die Vitamine A, B, C und Folsäure. Die Inhaltsstoffe sollen positiv auf Leber und Galle sowie gegen Herzerkrankungen wirken, außerdem sind sie verdauungsfördernd und blutdrucksenkend.

Frische Rote Beten sind fest und glatt. Je kleiner sie sind, desto süßer schmecken sie und desto zarter ist die Textur des Fruchtfleisches. Sie schmecken roh geraspelt, gegart, sauer eingelegt, gedämpft und sogar geräuchert, als Saft, in Salaten, püriert in Suppen, in Eintöpfen, als Beilage oder als Farbgeber eines Gerichts, wie etwa beim Klassiker Heringssalat. Die Blätter können als Salat oder gekocht wie Spinat zubereitet werden. Für die Zubereitung sollte man am besten Handschuhe tragen und das Schneidebrett mit Folie bedecken, denn der Saft färbt stark. Die Roten Beten werden vorsichtig gereinigt, damit ihre dünne Schale keinen Schaden nimmt. Mit der Schale werden sie etwa 1 Stunde bis zu 90 Minuten in leicht gesalzenem Wasser gegart und dann erst geschält, damit sowohl Inhaltsstoffe als auch Farbe erhalten bleiben. Gegarte Beten können gut eingefroren werden.

KAROTTE

Bei der Karotte, allgemein auch Gelbe Rübe oder Mohrrübe genannt, handelt es sich um eine der ältesten Gemüsearten, die ursprünglich kleiner, schmaler und nicht so farbintensiv war. Heute sind unzählige Arten und eine Fülle verschiedener Erscheinungsformen der Gattung bekannt, Karotten kommen weltweit in Weiß, Rot, Schwarz oder Violett, ja sogar mit unterschiedlichen Schalen- und Fruchtfleischfarben vor. Aus der Kreuzung roter und weißer Karotten könnten die heute bekanntesten leuchtend orangefarbenen Karotten entstanden sein. Wegen des unproblematischen Anbaus und der früh möglichen Ernte kann das mild-aromatische Gemüse von etwa Mai bis Anfang November immer wieder gesät und geerntet werden, sodass eine Versorgung das ganze Jahr über gesichert ist. Nach vierwöchiger Keimzeit wächst sie schnell und ist reif, wenn sich die Blätter gelbbraun färben.

Man unterscheidet Bundkarotten mit schlanker Rübenform und kegelförmiger Spitze, sie sind orangefarben mit intensiv grünem Laub. Sie werden jung geerntet und im Bund ab Mai angeboten. Wegen ihres hohen Zuckergehalts schmecken sie recht süß. Waschkarotten sind ab Sommer / Frühherbst fast das ganze Jahr über erhältlich. Sie werden vorgereinigt und ohne Laub in Verpackungseinheiten angeboten. Waschkarotten sind leuchtend orangefarben, knapp 20 cm lang, haben abgerundete Enden und enthalten weniger Zucker. Winterkarotten können bis Anfang November geerntet und gut gelagert werden. Sie sind kegelförmig, enthalten kaum Zucker und eignen sich darum gut zur Zubereitung herzhafter Aufläufe oder Eintöpfe. Darüber hinaus gibt es Finger- oder Snackkarotten, die klein in den Handel kommen, sowie dicke, lange Futterkarotten.

Das kalorienarme Gemüse hat einen hohen Nähr- und Heilwert. Beta-Carotin ist in großen Mengen enthalten. Im Körper wird es in Vitamin A umgewandelt; es braucht Fett, um verwertet zu werden. Dann ist es gut für die Augen und wichtig für das Immunsystem sowie die Entwicklung von Zellen. Darüber hinaus enthalten sind Kalzium, Magnesium, Kalium, Jod, Vitamin B_1, B_2 und Ballaststoffe. Karotten, reich an Pektin, sind hilfreich bei Magen- und Darmträgheit und wirken harntreibend.

Beim Einkauf sollten sie keine weichen Stellen aufweisen, ihr Kopf sollte nicht grün sein. Bei Bundkarotten zeugt saftiges Grün von Frische. Nach dem Reinigen und Abbürsten reicht es oft, sie hauchdünn zu schälen und die Enden abzuschneiden. Man kann sie in Scheiben, Stücke oder Streifen schneiden, blanchieren, kochen, rösten, pürieren und vieles mehr. Karotten lassen sich roh verzehren, sauer einlegen, herzhaft würzen, sie schmecken als Saft, Salat, Gemüsebeilage, Saucenbasis, Eintopf, Suppe und als Küchenzutat. Blanchiert und klein geschnitten können sie eingefroren werden, das Grün lässt sich wie Petersilie verwenden.

SPEISERÜBE

Auch Weiße Rübe oder Krautrübe wird die Speiserübe genannt, die man weiter in Mairüben (auch Navetten genannt) und Herbstrüben unterteilt. Die Speiserübe ist ein wahrer „Weltbürger" und kommt heute in den unterschiedlichsten Formen in sämtlichen Klimazonen vor. Ursprünglich stammt sie aus Asien und Nordamerika; ihr Nährstoffgehalt wurde früh erkannt und die Speiserübe rasch kultiviert. Nach dem Keimen der Saat werden die Pflanzen vereinzelt und die Früchte können nach kurzer Vegetationsperiode geerntet werden. Die im Frühjahr ausgesäte Mairübe kann als erstes nach etwa sechs Wochen schon im Mai geerntet werden. Die im Herbst gesäten winterfesten Rübensorten können sogar im Beet überwintern und werden bis ins frühe Jahr geerntet. Zur Zubereitung von Stielmus eignen sich die jungen Stiele der Mai- und Herbstrüben, die fein gehackt werden. Die Form der Speiserübe variiert je nach Art von klein und gleichmäßig rund bis hin zu wurzelförmiglänglich, bisweilen sogar abgeflacht. Die Blätter setzen direkt auf der Rübe an. Das Fruchtfleisch ist in der Regel weiß oder leicht gelblich, die Farbe der Schale variiert von Weiß über Gelb, violett-rötlich bis zu Schwarz. Alle Speiserüben enthalten viel Vitamin C, Folsäure und ätherische Öle. Die Blätter und Stiele verfügen über Vitamin A, C, K, Folsäure und Kalzium. Das Gemüse wird zumeist gekocht, gedünstet, gebraten oder sauer eingelegt. Dazu wird es geschält und geschnitten.

Die runde grünlich- oder rötlichköpfige Herbstrübe ist größer als die Mairübe und ihr weißes Fleisch schmeckt leicht erdig und intensiv nach Kohlrabi. Herbstrüben munden herzhaft zubereitet als Gemüse oder in kräftigen Eintöpfen. Kleine Rübchen können auch roh gegessen werden. Das sehr weiße Fruchtfleisch der ebenmäßig runden Mairüben, die nicht größer als ein Tennisball sind, ist am feinsten und schmeckt etwas schärfer als Kohlrabi. Mairüben eignen sich für die Zubereitung von Rohkostsalaten oder als Gemüsebeilage. Die sehr kleinen Teltower Rübchen, ursprünglich seit dem 13. Jahrhundert nur auf den leichten Sandböden von Teltow in Brandenburg angebaut, werden ab Oktober geerntet, haben eine braune Schale, mild-süßes, zartes, aber festes Fleisch und sind nicht frostresistent. Sie schmecken am besten bis zu einer Größe von 5 cm Durchmesser, werden gedünstet, ganz leicht angebraten und glasiert. Mairüben und Teltower Rübchen sollten am besten nur einige Tage im Kühlschrank gelagert und bald verzehrt werden.

STECKRÜBE

Der Ursprung der Steckrübe, Butter- oder Kohlrübe, Wruke oder Schwedischen Rübe, wie sie auch genannt wird, ist weitgehend unbekannt. Vermutlich handelt es sich um eine Kreuzung aus Herbstrübe und Kohl, die vor über 300 Jahren aus Skandinavien in südlichere Gefilde vordrang und vor allem in Deutschland fester Bestandteil des Speiseplans ist. Die Steckrübe wird zwischen März und Juni ins Frühbeet gesät, die Jung-pflanzen dann ins Beet gesteckt – daher rührt auch ihr Name. Die feuchtigkeitsliebende Steckrübe ist frost-hart und wird von September bis April / Mai geerntet, wobei die Haupternte des Wintergemüses im Oktober und November stattfindet. Danach wird der Lager-bestand bis in den Mai hinein verkauft.

Die recht großen, unregelmäßig rund geformten Früchte haben eine ledrig-derbe, weiß-gelbe bis bräunliche Schale, die im oberen Teil der Frucht grüne und violette Schattie-rungen aufweist. Die Rüben können bis zu 1,8 kg schwer werden und haben weißes oder gelbes Fleisch. Früchte mit weißem Fleisch dienen als Viehfutter, je gelber es ist, desto intensiver ist der herb-süßliche Geschmack und erinnert ein wenig an den von Kohl und Karotten. Je kleiner die Rübe, desto zarter ist ihr Fleisch, je länger sie gelagert wird, desto süßer schmeckt es, es sollte jedoch noch nicht holzig sein. Obwohl die süßliche Note anderes vermuten lässt, ist die Steckrübe kalorienarm. Steckrüben enthalten relativ viel Glucose und Fructose, Kalium, Beta-Carotin und einige Vitamine wie B_6 und Folsäure.

Das leckere Gemüse entwickelt sein volles Aroma am besten in herzhaften Suppen und Eintöpfen, es schmeckt aber auch als Püree, fein gerieben im Salat oder frittiert wie Pommes frites. Darüber hinaus passt es sich geschmack-lich gut an andere Zutaten an, mit denen es gemischt wird. Beim Einkauf sollten die Früchte möglichst fest sein und keine Beschädigungen aufweisen. Für die Zubereitung von der Schale und möglichen Verholzungen eher zu viel als zu wenig entfernen, das Fruchtfleisch in Scheiben oder schmale Segmente schneiden, reiben, pürieren, düns-ten oder sanft in Butter braten.

ZUCKERRÜBE

Die Zuckerrübe stammt von der Wildrübe oder Wildbete ab und kommt ursprünglich aus dem Mittelmeerraum. Es handelt sich um eine Kulturform der Gemeinen Rübe, die etwa um die Mitte des 18. Jahrhunderts auf einen hohen Zuckergehalt hin gezüchtet wurde. Heute ist die äußerlich unscheinbare, aber gehaltvolle Rübe in Europa, den USA, in Kanada, in Nordafrika und in Asien weit verbreitet. Die Pflanzen benötigen viel Sonne, reichlich Wasser, nährstoffreiche, feinkrümelige Böden und zusätzlichen Dünger; der Boden muss während der Kultur bearbeitet werden. Nach der Aussaat Mitte März bis Anfang Mai werden die jungen Pflanzen vereinzelt. Die schweren Rüben können ab Mitte September bis Mitte Dezember geerntet werden – je später die Ernte, desto höher der Zuckergehalt. Früher geschah dies mühselig per Hand und einer Grabegabel, sobald die Blätter gelblich-grün wurden. Heute sind auf den großen Feldern Erntemaschinen im Einsatz. Blätter und Kopf werden dabei bereits entfernt und später als Dünger untergegraben oder als Viehfutter verwendet.

Die kegelförmige Rübe – im oberen Bereich ist sie sehr dick und läuft nach unten spitz zu – wächst zu drei Vierteln unterirdisch. Sie ist außen weiß oder hellbeige-weiß mit feinen Querriefen, ihr Fruchtfleisch weiß bis cremig-weiß. Oberirdisch sitzen an einer Blattrosette große, saftige Blätter an langen, kräftigen Stängeln. Im ersten Jahr entsteht ein Rübenkörper mit bis zu 2 Meter tief reichenden Wurzeln. Die unregelmäßig geformte Rübe mit ihrer rauen Schale wird bis zu 1,2 Kilo schwer.

Nachdem der Chemiker Andreas Sigismund Markgraf 1747 den hohen Zuckergehalt der Rübe entdeckt hatte, wird seit Mitte des 19. Jahrhunderts Rübenzucker industriell in großen Mengen produziert.

Die Zuckerrübe ist reich an Kohlenhydraten. Sekundäre Pflanzenstoffe wie Saponine und Polyphenole sind entzündungshemmend, antibakteriell sowie antibiotisch wirksam und so zum Beispiel hilfreich gegen Bronchitis, Husten und Erkältung. Zuckerrübensirup ist aufgrund seines hohen Gehaltes an Eisen und Magnesium ein echter Fitmacher!

Als Nebenprodukte entstehen Zuckersirup, Melasse für Industriealkohol und Futtermittel. Aus der Zuckerrübe wird auch Bio-Ethanol und Biogas gewonnen. Heute erlebt die Zuckerrübe eine Renaissance in der Küche und das nicht nur als Süße-Lieferant für feine Nachtischkreationen. Sie punktet geschält, geschnitten und gedünstet zum Beispiel auch als schmackhaftes Gemüse, das sich zusätzlich kreativ in alle Richtungen – beispielsweise asiatisch – aromatisieren lässt.

Knollen-
SELLERIE

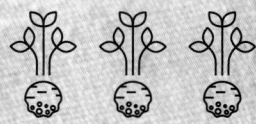

Sellerie ist als Knollen- oder Wurzelsellerie, Bleichsellerie und Schnittsellerie bekannt und verwendbar. Schon in der Antike wurde der Sellerie von den Griechen geschätzt. Im Mittelalter gelangte die vielseitige Pflanze über Italien weiter nach Norden und fand hier zunächst als Arzneipflanze in Klostergärten eine Heimat: Die Mönche und Nonnen durften den Sellerie aber nicht genießen, ihm wurde eine aphrodisierende Wirkung nachgesagt. Erst ab dem 18. Jahrhundert wurde ihr Wert als Gemüse erkannt.

Die erste Aussaat kann im Gewächshaus unter Wärmezufuhr bereits im Januar erfolgen. Bis Ende Juni werden die Pflanzen ins Freiland gesetzt und ab Sommer bis in den Herbst hinein geerntet. Die Kulturpflanze gedeiht am besten auf Lössböden und ist nicht frosthart. Sellerie braucht nicht nur Wärme, sondern auch viel Licht. Während des Wachstums benötigt die später kugelrunde, verdickte Frucht mit gefiederten Blättern am meisten Wasser. Knollensellerie wächst zum Teil oberirdisch, seine hellbräunliche Schale ist sehr uneben, das Fruchtfleisch cremeweiß. Dank seiner Inhaltsstoffe wie Folsäure, Kalium und ätherischen Ölen wirkt der Verzehr appetitanregend sowie wohltuend gegen Erkältungskrankheiten, Rheuma und Verdauungsstörungen.

Beim Kauf sollte Knollensellerie fest, trocken und unbeschädigt sein. Knackige, lange Blätter zeugen von Frische. Für die Zubereitung wird der Knollensellerie unter fließendem Wasser fest abgebürstet, die Enden und holzige Stellen werden abgeschnitten und die Schale dick abgeschält. Sellerie wird in Stücke oder dicke Stifte geschnitten und ist gar, wenn man mit der Gabel hineinstechen kann. Er ist meist Bestandteil von Suppengrün, schmeckt als Röstgemüse, als Püree oder auch als Cremesuppe. Aus geriebenen jungen Knollen wird der berühmte Waldorfsalat zubereitet, Scheiben können als Sellerieschnitzel gebraten oder als Auflauf zubereitet werden. Sellerieblätter werden gereinigt und gehackt als zusätzliches Würzmittel zu Gerichten gegeben.

PASTINAKE

Bevor die Kartoffel ihren Siegeszug auf den Speiseplänen der Haushalte antrat, war die nahrhafte Pastinake in Europa lange Zeit ein weiträumig angebautes Grundnahrungsmittel. Schon in der Jungsteinzeit wurden nachweislich in Europa wilde Pastinaken gesammelt und gegessen. Schon der volkstümliche Name Germanenwurzel verrät dies. Im Römischen Reich wurde sie kultiviert und Apicius, der wohl bekannteste Koch und Feinschmecker in dieser Zeit, verwendete sie überall, überzeugt von ihrer Aromenvielfalt.

Das anspruchslose, unempfindliche und pflegeleichte Gemüse kann das ganze Jahr hindurch gezogen werden. Die frostharten Wurzeln wachsen langsam und schmecken im Frühjahr und Herbst geerntet am zartesten. Die karottenähnliche Pflanze mit vielen langen Fiederblättern an einem gerieften Stängel kann bis zu 1,20 m hoch werden. Die weiße Rübe bildet sich erst nach einem guten halben Jahr aus, kann dann aber bis zu 30 cm lang und 6 cm dick werden. Auch die Form der äußerlich hellbräunlichen Wurzel mit ihren feinen, dunklen Querriefen ähnelt der einer Karotte, ihr Fruchtfleisch hingegen ist creme- bis gelblich-weiß. Die Pastinake ist reich an Folsäure, Kalium und Ballaststoffen. Dass sie so nahrhaft ist und süßlich schmeckt, verdankt sie unter anderem ihrem hohen Kohlenhydratgehalt. Der Genuss von Pastinaken wirkt appetitanregend und harntreibend; blähende Gemüse werden durch die Zugabe von Pastinake bekömmlicher. Die Wurzel riecht mild-süßlich und schmeckt dabei dezent würzig mit nussiger Schärfe.

Für die Zubereitung werden zarte Wurzeln einfach abgebürstet, die festeren werden mit dem Sparschäler dünn geschält, der faserige Innenstrunk nach Belieben entfernt. Die gut bekömmlichen Pastinaken schmecken roh geraspelt oder fein geschnitten in Salaten, gekocht als Gemüsebeilage, als Bestandteil von Suppengemüse und Gemüsemischungen oder in Eintöpfen und püriert in Cremesuppen. Man kann sie aber auch backen oder Reibekuchen daraus zubereiten. Junge Blätter und Sprossen würzen gehackt Kräutersuppen und andere Gerichte. Braten sollte man Pastinaken nicht zu lange, sonst werden sie bitter.

Petersilien-
WURZEL

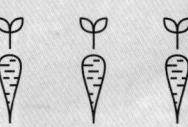

Die Petersilienwurzel, die große Schwester der Kultursorte Petersilie, gelangte im Mittelalter nach Mitteleuropa, heute wird sie überall in gemäßigtem Klima Mittel- und Nordeuropas angebaut; sie ist mehrjährig und frosthart. Mindestens alle drei Jahre sollte beim Anbau ein Fruchtwechsel erfolgen. Die Aussaat kann ab März beginnen, die Petersilienwurzel keimt drei Wochen und geerntet wird von September bis November, sogar darüber hinaus bis in die ersten Wintermonate. Die Wurzel muss ständig feucht, aber nicht nass gehalten werden, Staunässe ist zu vermeiden.

Als Lagerware ist Petersilienwurzel bis in den April des Folgejahres erhältlich. Die Pflanze wird bis zu 1,20 m hoch und verzweigt sich ab der Mitte. Sie verfügt zwar über ähnlich strukturierte, wenngleich größere Blätter als die bekanntere Blattpetersilie, aber im Gegensatz zu dieser über eine kegelförmige, kräftige Rübe, ähnlich der der Pastinake. Diese Rübe ist bis zu 20 cm lang und kann einen Durchmesser von bis zu 6 cm erreichen. Das Äußere dieser Pfahlwurzel ist cremeweiß mit gelb-bräunlichen Querfurchen. Neben Wasser enthält die Petersilienwurzel Kalium, Vitamin C sowie ätherische Öle. Die Wurzel wird roh verzehrt oder im Bund mit Suppengrün zum Würzen von Suppen und Eintöpfen genutzt. Petersilienwurzel passt als Gemüse gut zu Karotten, Kartoffeln und Hülsenfrüchten und kann mit diesen zubereitet werden. Der kräftige, süßlich-nussige Petersiliengeschmack der Wurzel verfliegt nicht beim Kochen.

KOHLRABI

Bei Kohlrabi, auch Rübkohl, handelt es sich um eine Zuchtform des Gemüsekohls, bei dem sich die oberirdische Sprossachse über dem Ansatz der unteren Laubblätter knollig verdickt hat. Vermutlich handelt es sich um die Kreuzung von Wildkohl mit der wilden Weißen Rübe, die einst aus Mittelasien und dem Mittelmeerraum nach Europa kam. Seit dem 19. Jahrhundert wächst der Kohlrabi verbreitet in Mittel- und Westeuropa. Da er zwar viel Nährstoffe und Wasser benötigt, aber eine relativ kurze Kulturzeit von nur vier bis sechs Wochen hat, wird der Kohlrabi vom Frühjahr bis in den Herbst, zunächst unter Glas, dann im Freiland, angebaut.

Die relativ regelmäßig-runde, grünlich-weiße, bisweilen auch hellgrüne oder bläuliche Knolle erreicht einen Durchmesser von etwa 10–20 cm. An dicken Stielen sprießen direkt aus der Knolle dunkelgrüne, kräftige Blätter. Die Knolle hat eine tief reichende Pfahlwurzel und rein weißes oder cremig-weißes Fruchtfleisch. Der leicht würzige, dennoch süße Geschmack ist vor allem auf den Gehalt von Senf- und Schwefelölen sowie Kohlenhydraten zurückzuführen. Knollen und Blätter enthalten

außerdem Kalium, Kalzium, Magnesium, Selen, Folsäure und etwas Beta-Carotin. Treibhausware gilt als zarter und milder, Freilandware als kräftiger im Geschmack.

Beim Einkauf sollte darauf geachtet werden, dass die Knollen ohne Schrunden oder Risse sind und knackigfrisch aussehen, Letzteres gilt auch für die Blätter. Kleine bis mittelgroße Knollen sind im Inneren nicht holzig. Vor allem in Deutschland ist Kohlrabi ein fester Bestandteil der Küche. Kohlrabi wird großzügig geschält, der holzige Wurzelansatz entfernt. Die Knolle wird in Scheiben oder dicke Stifte geschnitten, diese gekocht oder gedünstet und klassisch mit einer hellen Sauce als Gemüsebeilage serviert. Kohlrabi kann aber auch überbacken, paniert und gebraten oder gefüllt werden, sie schmeckt als Püree, in oder als Suppen oder in Aufläufen. Junge Blätter und feine Stiele können grob gehackt zur Geschmacksintensivierung mitgekocht oder wie Blattgemüse zubereitet werden. Alternativ kann die Kohlrabi im Ganzen gekocht und die Haut dann abgezogen werden. Geschält, geschnitten und blanchiert lassen sich die Knollen gut einfrieren.

Schwarzer
RETTICH

Der Herbst- oder Winterrettich wird wegen seiner schwarzen Schale auch Schwarzer Rettich genannt und gehört schon seit Jahrtausenden auf den menschlichen Speiseplan. Bereits im Alten Ägypten, so heißt es, haben der kultivierte Rettich, Knoblauch und Zwiebeln dazu beigetragen, die Gesundheit der Arbeiter beim Pyramidenbau zu erhalten. In Europa ist er seit dem Mittelalter in großer Sortenvielfalt beliebt. Die Aussaat erfolgt im Sommer oder frühen Herbst. Schon drei Monate später kann geerntet werden, die Rübe sollte jedoch einen Durchmesser von wenigstens 6 cm haben. Leichter Frost schadet dem Winterrettich nicht. Winterrettich ist kugelig- oder länglich-rundlich und zwischen 10 und über 20 cm lang. Das weiße, feste Fleisch der Rübe ist von einer robusten, körnigen, meist schwarzen oder grau-dunkelbraunen Schale umgeben. Außerdem gibt es Winterrettich in den Farbvariationen Weiß, Rosa, Rot und Violett sowie in unterschiedlichen Größen und Formen. Der Vitamin-C-Lieferant für den Winter enthält außerdem Mineralstoffe wie Zink und Schwefel, Senföle verleihen ihm Schärfe.

Die schwarze Haut des Winterrettichs ist meistens schwer bis unverdaulich und muss vor dem Genuss entfernt werden. Ausnahmen gibt es bei ganz frisch geerntetem Winterrettich, da gibt die Haut noch einen Teil Schärfe dazu. Roh gerieben schmeckt er saftig-frisch, geschält und gekocht, gedünstet, gedämpft oder geschmort schmeckt er mild-scharf bis pfeffrig und nussig als Gemüsebeilage zu kräftigem Fleisch. Als Zutat wird er auch in Suppen und Eintöpfen geschätzt. Ein Sirup aus Winterrettich wirkt wegen der Senföle schleim- und krampflösend gegen Husten, die Inhaltsstoffe helfen, so heißt es, außerdem gegen Rheuma, Gicht, Skorbut, Gallenleiden und Verstopfung.

Schwarz- WURZEL

Der Wert der Schwarzwurzel blieb aufgrund ihres robusten Äußeren lange Zeit unerkannt. Die ursprünglich aus Spanien stammende Wildform wurde bis ins 16. Jahrhundert hinein zu Heilmitteln verarbeitet. Erst im 17. Jahrhundert begann man, die heute in ganz Europa hochgeschätzte Wurzel zu kultivieren. Nach der „Karriere" des feineren Spargels, dem sie geschmacklich ähnelt, wurde die Wurzel lange als ihm nicht ebenbürtig betrachtet, erobert aber inzwischen längst wieder Gärten und Märkte. Die Schwarzwurzel gedeiht sehr langsam und benötigt ab März etwa drei Viertel des Jahres bis zur Erntereife, erkennbar am einsetzenden Welken der lanzettförmigen Blätter. Sie ist ein absolut frosthartes Wintergemüse und wird deshalb auch gern als „Winterspargel" bezeichnet. Schwarzwurzeln sind ausdauernde, bisweilen über 1 m hohe Pflanzen mit 3–5 cm dicken und bis zu 40 cm langen, schlanken und spitzen Pfahlwurzeln. Diese sind reich an Ballaststoffen und sie enthalten außerdem Kalium, Kalzium, Eisen sowie Folsäure – und kaum Kalorien. Ihr Genuss verspricht die Anregung von Stoffwechsel, Verdauung und Entwässerung. Beim Einkauf sollte darauf geachtet werden, dass die empfindlichen Wurzeln keine Bruchstellen aufweisen, da sie sonst schnell austrocknen. Sie sollten nicht zu viele Seitenwurzeln oder Verästelungen haben, da sie sonst schwierig zu verarbeiten sind; große Wurzeln können im Inneren holzig sein.

Für das Schälen sollte man sich etwas Zeit nehmen und Handschuhe tragen, denn das zarte, weiße Fruchtfleisch der Wurzeln verbirgt sich unter einer schwarzbraunen ledrigen, rauen Haut und gibt bei der Bearbeitung einen milchigen, braun färbenden und klebrigen Saft ab. Alternativ können die Wurzeln unter fließendem Wasser gut abgebürstet und etwa 25 Minuten in Essigwasser gekocht werden, dann ist die Haut relativ leicht abzuziehen. Nach dem Schälen oder Abziehen sollte das Fruchtfleisch mit Zitronensaft beträufelt werden, um eine dunkle Verfärbung zu vermeiden. Dann kann man Schwarzwurzeln etwa wie Spargel zubereiten. Belohnt wird die Mühe mit wohl spargelähnlichem, aber im Vergleich dazu nussigerem Geschmack. In der Küche werden aus Schwarzwurzeln cremige Suppen, Saucen, Gemüsebeilagen zu leichten Fleischgerichten oder in Segmente geschnittene Salatzutaten. Schwarzwurzeln sind außerdem überbacken, frittiert oder paniert gebraten ein Genuss.

Meer-
RETTICH

Schon in der Antike war der Meerrettich bekannt. Auf einem alten Wandgemälde in Pompeji ist die Meerrettichwurzel verewigt. Ursprünglich stammt Meerrettich aus dem Wolga-Donau-Gebiet. Markgraf Johannes Alchimista soll im 15. Jahrhundert die Wurzel in Franken eingeführt haben. Seitdem wurde Meerrettich vermehrt in Deutschland als Heil- und Würzpflanze angebaut. Heute wächst Meerrettich in ganz Europa, Asien und Nordamerika, große deutsche Anbaugebiete liegen zwischen Bamberg und Nürnberg. Für seine Namensherkunft gibt es verschiedene Erklärungen, zum einen soll er diesen dem Wachstum an Meeresküsten verdanken, zum anderen kann er in Anlehnung an den Begriff „Mähre" für Pferd entstanden sein. Die plausibelste Erklärung aber dürfte wohl die der Wortbedeutung im Sinne von „mehr" für „stärker" oder „größer" sein, denn die Wurzel ist tatsächlich recht groß. Anbau und Ernte sind recht aufwändig, denn die Wurzel soll sehr gerade wachsen. Abgeschnittene Seitenwurzeln („Fechser") werden im April schräg in die Erde gesteckt und leicht mit Erde bedeckt. Die neu entstandenen Wurzeln müssen von Hand freigelegt, angehoben und die dünnen Seitenwurzeln im oberen Bereich entfernt werden. Die Ernte beginnt, wenn die Blätter gelb werden, das ist etwa von Ende

Oktober bis ins Frühjahr des Folgejahres – Meerrettich ist winterhart. Eine Meerrettichpflanze mit ihren Hohlstängeln und langen Blättern kann über einen Meter hoch werden. Die kräftige, fleischige Pfahlwurzel wird bis zu 40 cm lang und hat einen Durchmesser von bis zu 6 cm, die Wurzel wiegt bis zu knapp 200 g. Die Wurzelschale ist beige-hellbraun, das Fruchtfleisch weiß. Meerrettich muss beim Einkauf ebenmäßig gerade, unversehrt und knackig-frisch sein. Er enthält unter anderem Vitamine wie Folsäure, Kalium, Kalzium, Magnesium, Eisen und schwefelhaltige Senföle.

Unverarbeitet, getrocknet oder gekocht ist die Wurzel ohne jeden Geruch. Angeschnitten oder gerieben lässt die durch eine chemische Reaktion des Allyl-Senföls entstandene würzige Schärfe die Augen tränen. Deshalb wurde Meerrettich früher auch statt Pfeffer oder Senf zum Würzen verwendet, ebenso als Gemüse oder Heilmittel gegen Verdauungsbeschwerden, Harnwegserkrankungen, Erkältung, Husten, Rheuma, Gicht und Ischias. Heute wird der größte Teil meist dünn geschält und in fein geriebener Form als Würzmittel und Beilage zu gekochtem Rindfleisch, Räucherwaren, mit Quark oder Sahne als Sauce zubereitet.

erdig

süß

würzig

ROTE BETE

Speiserübe

KAROTTE

Steckrübe

Lorbeerkartoffeln
IM ROTE-BETE-
FARBENSPIEL

FÜR 4 PORTIONEN

1 kg kleine Kartoffeln (z.B. La Ratte) ◆ 80 g Butter ◆ 1 EL natives Olivenöl ◆ 12 frische kleine Lorbeerblätter ◆ **2 ROTE BETEN** ◆ **2 GELBE BETEN** ◆ **2 ROT-WEISSE BETEN**
¼ TL Koriander ◆ ¼ TL Kümmel ◆ ¼ TL Anis ◆ ¼ TL Fenchelsamen ◆ 4 EL Rapsöl
Fleur de Sel ◆ weißer Pfeffer aus der Mühle

Den Backofen auf 200 °C vorheizen. Die Kartoffeln waschen, einmal quer tief einschneiden und in eine Auflaufform legen. Butter und Olivenöl in einer Kasserolle erhitzen und die Hälfte über die Kartoffeln in der Form gießen. Für ca. 25 Minuten garen lassen, dabei immer wieder das Fettgemisch über die Kartoffeln gießen.

Nach 15 Minuten die Lorbeerblätter in die Einschnitte der Kartoffeln stecken und für die letzten 10 Minuten mitgaren lassen. Die verschiedenfarbigen Beten putzen und in kochendem Wasser für ca. 20 Minuten garen lassen. Die Gewürze zusammen fein mörsern. In einer heißen Pfanne ohne Fett die fein gemörserten Gewürze erhitzen, damit sich ihre Aromen entfalten können und zu duften anfangen. Beiseitestellen.

Die Beten mit kaltem Wasser abschrecken, schälen, in dünne Scheiben schneiden und diese dann vierteln. Das Rapsöl in der Pfanne mit den Gewürzen bei mittlerer Hitze erwärmen, die bunten Betenscheiben darin schwenken und zusammen mit den Lorbeerkartoffeln anrichten. Mit Fleur de Sel und Pfeffer würzen. Die Beten um die Lorbeerkartoffeln drapieren. Dazu schmeckt besonders gut feiner gebeizter Lachs oder auch Röllchen von luftgetrocknetem Schinken.

AROMATISIERTE
ROTE BETE
mit Beefsteakstreifen

FÜR 4 PORTIONEN

800 g ROTE BETE (geschält und gekocht) ◆ ½ TL Maisstärke ◆ 100 ml Gemüsefond
1 EL Miso ◆ ½ TL Blütenhonig ◆ ½ TL Olivenöl ◆ 600 g abgehangenes Beefsteakfleisch
2 EL Butterschmalz ◆ 3 EL Sesam ◆ Rote-Bete- und grüne Brunnenkresse (nach Belieben)
Meersalz ◆ weißer Pfeffer aus der Mühle

Die Rote Bete aus der Verpackung nehmen, abtropfen lassen und in 1 cm dicke Scheiben schneiden. Die Maisstärke in etwas kaltem Wasser auflösen. Den Gemüsefond mit Miso, Honig und Öl mischen. Mit der aufgelösten Stärke verrühren und alles aufkochen lassen. Die Rote-Bete-Scheiben in der Glasur erwärmen.

Das Beefsteakfleisch gut würzen, in Streifen schneiden und im heißen Butterschmalz in einer Pfanne portionsweise rundherum für ca. 2 Minuten braten. Die Beefsteakstreifen auf der glasierten Roten Bete dekorieren. Den Sesam darüberstreuen und nach Belieben mit roter und grüner Kresse bestreuen. Dazu passt wunderbar ein fluffiges Kartoffelpüree oder ein knuspriges Baguette.

BORSCHTSCH

Die slawische Rote-Bete-Verführung

FÜR 4–6 PORTIONEN

Für die Fleischbrühe: 3 Karotten ◆ 3 Zwiebeln ◆ 3 Knoblauchzehen ◆ 100 g geräucherter Bauchspeck ohne Rinde ◆ 1 kg Suppenfleisch mit Knochen ◆ 3 Lorbeerblätter 1 Thymianstängel ◆ 1 Majoranstängel ◆ Salz ◆ Pfeffer
Für die Borschtsch-Suppe: 2 EL Schweineschmalz ◆ 2 Zwiebeln ◆ **6 ROTE BETEN** 3 EL Rotweinessig ◆ 1 Prise Zucker ◆ ½ Weißkohl ◆ 2 Karotten ◆ 6 Kartoffeln ½ Knollensellerie ◆ 2 EL Zitronensaft ◆ 1 EL Tomatenmark ◆ 4 Knoblauchzehen 1 Gewürzbeutel (Pfefferkörner, Lorbeerblatt, Fenchelsamen, Knoblauchzehen) ◆ 6 EL saure Sahne ◆ Dill (nach Belieben) ◆ Salz ◆ Pfeffer

Für die Fleischbrühe das Gemüse und den Knoblauch schälen, putzen und in grobe Stücke schneiden. Den Bauchspeck in heißem Wasser blanchieren. Dann zusammen mit dem Suppenfleisch und den Kräutern in 2 l gesalzenem, kochendem Wasser oder auch Brühe aufsetzen und für ca. 90 Minuten kochen lassen. Nach Bedarf salzen und pfeffern. Das Fleisch und den Speck aus der Fleischbrühe herausnehmen und in große Würfel schneiden.

Für die Borschtsch-Suppe das Schweineschmalz in einem zweiten Topf erhitzen. Die Zwiebeln schälen, in Würfel schneiden und im Schweineschmalz goldgelb dünsten. In der Zwischenzeit die Rote Bete mit Handschuhen waschen, schälen und in Streifen schneiden. Zu den Zwiebeln im Schmalz geben, anschmoren und mit dem Essig ablöschen. Mit Zucker und Salz würzen. Von der Fleischbrühe 250 ml zufügen und dann für ca. 1 Stunde köcheln lassen.

Den Weißkohl, die Karotten, die Kartoffeln und den Sellerie waschen und putzen. Alles in Streifen schneiden und mit dem Zitronensaft beträufeln, damit nichts braun anläuft. Das Gemüse, das Tomatenmark, das Fleisch, den Speck und den Gewürzbeutel zu der Roten Bete geben. Bei Bedarf etwas von der Fleischbrühe zuschütten. Zugedeckt für ca. 30 Minuten kochen lassen. Den Gewürzbeutel herausnehmen. Beim Servieren auf jeden Teller obenauf einen großen Klecks saure Sahne geben. Traditionell wird auch noch fein geschnittener Dill auf die Sahne gegeben. Dieser Brauch ist aber sehr unterschiedlich. Dazu passt am besten ein Stück Weißbrot.

DIESE BORSCHTSCH-SUPPE SCHWELGT IN VIELEN AROMEN. ALS BESONDERES I-TÜPFELCHEN ZÄHLT DAS ZUSAMMENSPIEL VON DILL UND ROTER BETE. GANZ ZUM SCHLUSS GIBT DER DILL SEINE EIGENE NOTE AN, ERST SÜSS WIE DIE ROTE BETE UND DANN IM ABGANG SAUER.

Rote-Bete-Kuchen
IM GLAS

FÜR 4 WECKGLÄSER À 125 ML

1 ROTE BETE (ca. 200 g) ◆ 100 g weiche Butter, zzgl. etwas zum Einfetten ◆ 100 g Rohrzucker ◆ 1 EL Vanillinzucker ◆ 1 Prise Salz ◆ 4 Eier (Größe M) ◆ 125 g Mehl ½ TL Pfefferkuchengewürz ◆ 2 TL Backpulver ◆ 100 g gemahlene ◆ Mandeln 100 g Zartbitterschokolade ◆ Butter zum Einfetten der Gläser

Die Rote Bete am besten mit Handschuhen waschen, schälen und grob raspeln. Beiseitestellen. Die Gläser innen gut mit der Butter einpinseln. Den Backofen auf 170 °C vorheizen.

Die Butter zusammen mit dem Rohrzucker, dem Vanillinzucker und dem Salz schaumig schlagen. Dann die Eier einzeln nach und nach jeweils für 1 Minute unterrühren. Das Mehl sieben und zusammen mit dem Pfefferkuchengewürz und dem Backpulver zugeben. Die Rote Bete unterheben. Zum Schluss die Schokolade raspeln und mit den Mandeln zugeben.

Die Masse in einen Spritzbeutel mit großer Lochtülle füllen und jedes Glas senkrecht halb voll füllen. Ganz wichtig ist, die Gläser vor dem Backen zu verschließen. Dafür die passenden Gummiringe in die Glasdeckel legen und dann mit zwei Klammern gut verschließen. So ist gewährleistet, dass der Kuchen gleichmäßig aufgeht.

Rote-Bete-Risotto
MIT
STEINBUTT

FÜR 4 PORTIONEN

Für das Risotto: 1 rote Zwiebel ◆ 2 EL Rapsöl ◆ 200 g Risottoreis
900 ml Gemüsebrühe ◆ **400 g ROTE BETE** ◆ 100 g Sahne
Für den Steinbutt: 1 Steinbutt, ca. 2 kg, küchenfertiges Schwanzstück ◆ Saft von 1 Zitrone
3 EL Rapsöl ◆ 1 EL Fenchelsaat ◆ 200 g Staudensellerie ◆ 1 Fenchelknolle
3 ROTE BETEN ◆ 4 Schalotten ◆ 150 ml Weißwein ◆ 100 ml Fischfond ◆ Salz
weißer Pfeffer aus der Mühle

Für das Risotto die Zwiebel schälen und fein würfeln. In einem hohen Topf das Rapsöl erhitzen, die Zwiebeln zuerst darin glasig andünsten und dann den Risottoreis zugeben und ebenfalls andünsten. Mit etwas Gemüsebrühe löschen und alles für 10 Minuten leise köcheln lassen, dabei immer wieder Brühe nachgießen. In der Zwischenzeit die Rote Bete waschen, schälen und auf einer Küchenreibe fein raspeln. Dabei auf jeden Fall Handschuhe tragen. Die Rote Bete zum Risotto geben und weitere 15 Minuten garen lassen. Die Sahne dazugeben. Umrühren nicht vergessen.

Das Steinbuttstück kalt abwaschen und trocken tupfen, salzen und mit Zitronensaft beträufeln. In einem Bräter das Rapsöl erhitzen und den Steinbutt bei mittlerer Hitze mit der dunklen Seite zuerst für 1 Minute anbraten, dann wenden und für weitere 2 Minuten braten, anschließend den Fisch herausnehmen. Den Bräter heiß beiseitestellen. Die Fenchelsaat mörsern und in einer trockenen Pfanne kurz erhitzen. Die Staudensellerie und die Fenchelknolle waschen, putzen und quer in dünne Streifen schneiden. Die Rote Bete putzen, schälen und in feine Scheiben schneiden. Die Schalotten schälen und fein würfeln.

Das Gemüse mit der Fenchelsaat in den noch heißen Bräter geben und bei hoher Temperatur für ca. 2 Minuten kross anbraten. Mit Salz und Pfeffer würzen und mit dem Weißwein ablöschen. Den Backofen auf 180 °C vorheizen. Den Steinbutt mit der hellen Seite nach oben auf das Gemüse legen und den Bräter in den Backofen schieben. Für 20 Minuten garen lassen, dann den Fischfond zugießen und für weitere 10 Minuten im Ofen lassen. Den Bräter aus dem Ofen nehmen, den Steinbutt auf dem Gemüsespiegel anrichten und das Rote-Bete-Risotto als kleine Türmchen daraufsetzen. Etwas von dem Fond aus dem Bräter angießen – bon appétit!

Rote-Bete-
KNUSPER-CHIPS
MIT DIP

FÜR 4 PORTIONEN

300 g ROTE BETE ◆ 2 EL Butterschmalz ◆ 1 EL Schwarzkümmelsamen ◆ 2 EL geschälter Sesam ◆ 1 TL grobes Meersalz
Für den Dip: 1 säuerlicher Apfel ◆ 2 cm frische Meerrettichwurzel ◆ 4 EL Crème fraîche
1 Prise Zucker ◆ Salz

Die Rote Bete mit Handschuhen putzen und schälen. Mit einem Gemüsehobel in feine Scheiben schneiden.

In einem hohen Topf das Butterschmalz erhitzen und die Rote-Bete-Scheiben darin knusprig frittieren. Auf Küchenpapier abtropfen lassen.

Den Schwarzkümmel und den Sesam in einer Pfanne ohne Fett anrösten, bis sie duften. Mit etwas Meersalz würzen und über die Rote Bete streuen.

Für den Dip den Apfel schälen, vierteln und das Kerngehäuse herausschneiden. Die Meerrettichwurzel schälen und zusammen mit dem Apfel auf einer Reibe fein reiben. Vermischen und mit Crème fraîche, Zucker und Salz gut verrühren.

KAROTTEN-
Vielerlei auf
FETTUCCINE

FÜR 4 PORTIONEN

2 ORANGEFARBENE KAROTTEN ◆ **2 VIOLETTE KAROTTEN** ◆ **2 GELBE KAROTTEN**
150 g Butterschmalz ◆ 4 Stängel glatte Petersilie ◆ 40 g Parmesan ◆ 40 g Rosinen
4 EL Noilly Prat ◆ 3 Schalotten ◆ 2 EL Olivenöl ◆ 1 Prise frisch geriebene Muskatnuss
150 g Sahne ◆ 500 g Fettuccine ◆ ½ TL fein abgeriebene Schale von 1 unbehandelten
Zitrone ◆ Salz ◆ weißer Pfeffer aus der Mühle

Die Karotten waschen und schälen. Mit einem Julienneschneider die Karotten jeweils
nach ihrer Farbe getrennt in feine Streifen schneiden. In heißem Butterschmalz leicht
anbraten lassen, umrühren und danach warm stellen. Die Petersilie waschen, trocknen
und die Blättchen fein zupfen. Den Parmesankäse grob raspeln. Die Rosinen halbieren
und im Noilly Prat einweichen.

Die Schalotten schälen und in feine Streifen schneiden. Im heißen Olivenöl glasig dünsten. Mit Salz, Pfeffer und Muskatnuss würzen, die Rosinen mit dem Noilly Prat und die
Petersilienblättchen zugeben. Mit der Sahne auffüllen. Einmal kurz aufkochen lassen
und beiseitestellen.

In reichlich kochendem Salzwasser die Fettuccine nach Angaben bissfest garen. Abgießen
und ca. 150 ml vom Nudelwasser aufheben. Die Nudeln in die Sauce geben und alles
mit der Hälfte des Parmesans gut durchschwenken und eventuell noch mal nachwürzen.

Ringförmig anrichten und zum Schluss die verschiedenen Karottenstreifen obenauf im
Kreis dekorieren. Darüber den restlichen Parmesan und die Zitronenschalen streuen.

BUNTE
OFENKAROTTEN
im Gemüsebett

FÜR 4 PORTIONEN

1 kg VIOLETTE, ORANGEFARBENE UND GELBE KAROTTEN ◆ 500 g festkochende Kartoffeln ◆ 2 kleine Knoblauchknollen ◆ 100 ml Rapsöl ◆ 2 TL Kreuzkümmel ◆ 2 Fenchelknollen ◆ 2 Lauchstangen ◆ 1 unbehandelte Zitrone ◆ 25 g gehackte Haselnüsse ◆ 25 g Walnusskerne, gehackt ◆ Meersalz ◆ weißer Pfeffer aus der Mühle

Die Karotten waschen und schälen. Je nach Größe halbieren oder vierteln. Die Kartoffeln waschen, schälen und vierteln. Bissfest im Salzwasser kochen und herausnehmen. Den Knoblauch putzen und quer durchschneiden. Den Backofen auf 200 °C vorheizen.

Backpapier in ein hohes Backblech legen. Die Hälfte des Rapsöls darauf gießen und den Kreuzkümmel darüberstreuen. Die vorbereiteten Karotten großzügig darauf verteilen und zusammen mit den Knoblauchhälften für ca. 20 Minuten im Ofen garen lassen.

Inzwischen Fenchel und Lauch putzen, in Streifen schneiden und halbieren. Die Zitrone waschen und in kleine Spalten schneiden.

Das restliche Gemüse und die Kartoffeln zu den Karotten legen. Die gehackten Nüsse zusammen mit den Zitronenspalten untermischen. Das Ganze für weitere 10 Minuten garen lassen. Wer es nicht vegan oder vegetarisch mag – ein Tafelspitz schmeckt hervorragend dazu.

KAROTTEN-
INGWER-NUSS-
Suppe

FÜR 4 PORTIONEN

5 KAROTTEN (ca. 200 g) ◆ 1 Stange Bleichsellerie ◆ 2 Minzestängel ◆ 2 Stängel glatte Petersilie ◆ 100 g gehackte Haselnüsse ◆ 8 Kardamomkapseln ◆ 2 TL Koriandersamen ◆ 2 EL Rapsöl ◆ 1 l Gemüsebrühe ◆ 1 TL Currypulver ◆ 1 TL fein gehackter Ingwer ◆ 200 g Sahne ◆ 20 g kalte Butter

Karotten und Bleichsellerie waschen, schälen und in gleich große Stücke schneiden. Minze und Petersilie waschen, trocknen und die Blätter fein zupfen. Das Gemüse in einem Topf mit kochendem Wasser für ca. 15 Minuten köcheln lassen, anschließend abschütten.

In der Zwischenzeit die Haselnüsse in einer heißen Pfanne ohne Fett anrösten. Die Früchte der Kardamomkapseln und die Koriandersamen mörsern.

In einem hohen Kochtopf das Öl erhitzen und das blanchierte Gemüse für ca. 5 Minuten darin andünsten. Anschließend die Gemüsebrühe zuschütten. Haselnüsse, Kardamom, Koriander, Currypulver und Ingwer zufügen. Alles gut pürieren.

Vor dem Servieren die Sahne zugeben, nochmals pürieren und zum Schluss die Minze- und Petersilienblätter obenauf streuen.

Allgäuer
KAROTTEN-
KUCHEN

FÜR 16 STÜCK

200 g Allgäuer Emmentaler ◆ 200 g Weckmehl ◆ 3 EL Rapsöl ◆ 7 Eier (Größe M)
1 Handvoll Backerbsen ◆ **250 g KAROTTEN** ◆ 1 Prise Salz ◆ 100 g Rohrzucker
1 kg Quark ◆ 4 EL Mehl ◆ 1 TL gerebelter Majoran ◆ 5 EL Milch ◆ 1 Knoblauchzehe
1 Bund glatte Petersilie ◆ weißer Pfeffer aus der Mühle

Vom Emmentaler 150 g reiben. Mit dem Weckmehl, dem Öl und zwei Eiern zu einem
Teig verkneten. Den Backofen auf 200 °C vorheizen.

Eine Springform gut einfetten. Den ausgerollten Teig darin flach drücken und dabei einen Rand hochziehen. Die Erbsen darin verteilen und den Teig für ca. 10 Minuten blind
vorbacken. Die Erbsen entfernen.

Die Karotten waschen, schälen und in kleine Würfel schneiden. In etwas heißem
Wasser, Salz und Zucker weich kochen.

Den restlichen Emmentaler reiben, mit dem Quark und den verbliebenen Eiern, dem
Mehl, dem Majoran und der Milch gut verrühren.

Den Knoblauch schälen und fein hacken. Die Petersilie waschen, trocknen und fein
schneiden. Den Knoblauch und die Petersilie zur Quarkmischung zugeben und alles
auf dem vorgebackenen Teig verteilen. Im vorgeheizten Ofen für 40 Minuten backen.

Bunter Karottenstampf mit
GEBEIZTEM LACHS
& KRÄUTER-DIP

FÜR 4 PORTIONEN

600 g ORANGEFARBENE UND GELBE KAROTTEN ◆ 250 g festkochende Kartoffeln ◆ 50 g Butter ◆ 1 Prise frisch geriebene Muskatnuss ◆ Meersalz schwarzer Pfeffer aus der Mühle
Für den Dip: 100 g kleine Cornichons ◆ 200 g Crème fraîche ◆ 100 ml Milch 1 Bund Schnittlauch ◆ 1 EL frisch geriebener Meerrettich ◆ 400 g Graved Lachs Salz ◆ schwarzer Pfeffer aus der Mühle

Karotten und Kartoffeln waschen, schälen und alles würfeln. In einem hohen Topf Salzwasser zum Kochen bringen und die Karotten und Kartoffeln darin für ca. 20 Minuten garen lassen. Abschütten, die kalte Butter zugeben und alles zerstampfen. Mit Salz, Pfeffer und Muskatnuss abschmecken.

Für den Dip die Cornichons klein würfeln, mit der Crème fraîche und der Milch glatt verrühren. Den Schnittlauch waschen, trocken schütteln und fein schneiden. Die Hälfte des Meerrettichs unterheben und alles mit Salz und Pfeffer abschmecken.

Den Graved Lachs dazulegen. Obenauf mit dem restlichen Meerrettich, vielen Schnittlauchröllchen bestreuen und etwas von dem Dip dazu verteilen. Den Rest des Dips in einer separaten Schale reichen.

KAROTTEN-HALWA

Ein indisches Karotten-Dessert

FÜR 4 PORTIONEN

1 kg KAROTTEN ◆ 2 EL Rosinen ◆ 1 l Milch ◆ 450 g Rohrzucker
3 EL Ghee-Butterschmalz (Ghee) ◆ 2 TL Kardamomsamen ◆ 2 EL gehackte Mandeln
2 EL gehackte Pistazien

Die Karotten waschen, schälen und mittelgrob raspeln. Die Rosinen waschen und für 30 Minuten in einer Tasse mit Wasser einweichen.

Die Karotten in kochendem Wasser für ca. 5 Minuten blanchieren. Die Milch erhitzen und die Karotten darin für ca. 1 Stunde köcheln lassen. Den Zucker zugeben und warten, bis er sich aufgelöst hat. Dabei immer wieder umrühren, bis sich die Milch reduziert hat.

Das Butterschmalz zugeben. Die Kardamomsamen zerdrücken und mit den Rosinen zu den Karotten zufügen. Alles gut vermischen und abkühlen lassen. Mit den Mandeln und Pistazien garnieren und genießen.

BESONDERS GUT SCHMECKT DIESE AROMABOMBE MIT TÜRKISCHEM ODER GRIECHISCHEM JOGHURT.

CARPACCIO VON
frischer Rübe

FÜR 4 PORTIONEN

4 KLEINE SPEISERÜBEN (à 300 g) ◆ 1 Msp. geriebener Sternanis ◆ 1 TL frisch geriebene Muskatnuss ◆ 4 EL Walnussöl ◆ 2 EL Balsamicoessig ◆ 1 Prise Zucker 1 EL gehackte glatte Petersilie ◆ 4 Knoblauchzehen ◆ 1 EL Olivenöl ◆ 150 g Parmesan Fleur de Sel ◆ Salz ◆ weißer Pfeffer aus der Mühle

Den Backofen auf 200 °C vorheizen. Die Rüben abbürsten, putzen, schälen und in feine Scheiben schneiden. Die Rübenscheiben auf einer feuerfesten Platte oder Form auslegen. Mit Fleur de Sel, Pfeffer, Sternanis und Muskatnuss gleichmäßig bestreuen. Für ca. 5 Minuten in den Backofen schieben und kurz garen lassen.

Aus Walnussöl, Essig, Zucker, Petersilie, etwas Salz und Pfeffer eine Vinaigrette vorbereiten. Die Knoblauchzehen schälen, fein schneiden und in einer heißen, fettfreien Pfanne kurz anrösten. Dann mit dem Olivenöl löschen.

Auf das noch warme Rüben-Carpaccio die gerösteten Knoblauchscheiben drapieren, darauf die Vinaigrette verteilen und zum Schluss den Parmesankäse großzügig darüberraspeln. Wunderbar schmeckt das Carpaccio zu geräuchertem Fisch und einem frischen Baguette.

RÜBSTIELSALAT
mit gebackenem
SCHAFSKÄSE

FÜR 4 PORTIONEN

Für den Rübstielsalat: 8 getrocknete Tomaten ◆ **2 BUND FRISCHE RÜBSTIELBLÄTTER**
Für die Vinaigrette: 2 EL Balsamicoessig ◆ 2 TL Zitronensaft ◆ 1 TL Rohrzucker
4 EL Olivenöl ◆ Meersalz ◆ schwarzer Pfeffer aus der Mühle
Für den gebackenen Schafskäse: 2 EL Olivenöl ◆ 4 kleine, runde Schafskäse (à 25 g)
1 TL gerebelte Thymianblätter

Die getrockneten Tomaten für ca. 30 Minuten in warmem Wasser einweichen. Die Rübstielblätter gründlich waschen, putzen und vorsichtig trocken schleudern. Die Blattstiele grob hacken. Die eingeweichten Tomaten etwas ausdrücken und dann in ganz feine Streifen schneiden.

Für die Vinaigrette Essig, Zitronensaft und Zucker mit 2 EL Wasser pürieren. Langsam das Olivenöl zulaufen lassen. Zum Schluss die Tomatenstreifen unterheben. Mit Meersalz und Pfeffer würzen. Die Vinaigrette über die Rübstielblätter verteilen und gut durchziehen lassen.

Für den Schafskäse das Olivenöl in einer Pfanne erhitzen. Den Schafskäse darin von allen Seiten anbraten. Vor dem Herausnehmen die Thymianblättchen darüberstreuen und kurz mit anbräunen lassen. Den gebackenen Schafskäse auf den Stielblättersalat legen und mit einem knackigen Baguette zusammen servieren.

VEGETARISCHER SPEISERÜBEN-

Karottenauflauf

FÜR 4 PORTIONEN

800 g SPEISERÜBEN ◆ 200 g orangefarbene Karotten ◆ 1 Gemüsezwiebel ◆ 1 EL Rapsöl ◆ 1 Prise Zucker ◆ 500 ml Gemüsebrühe ◆ 1 TL gemahlene Muskatnuss ◆ 2 EL Butter ◆ 2 EL Mehl ◆ 200 ml Milch ◆ 80 g Schmelzkäse ◆ 150 g Mandelblättchen ◆ ½ Bund glatte Petersilie ◆ Salz ◆ weißer Pfeffer aus der Mühle

Die Speiserüben und die Karotten waschen und schälen. Die Speiserüben in dünne Scheiben schneiden und dann vierteln. Die Karotten in ebenso dünne Scheiben schneiden. Die Gemüsezwiebel schälen und klein würfeln.

In einem hohen Topf das Öl erhitzen. Speiserüben, Karotten und Zwiebel darin kurz anbraten. Zucker darüberstreuen und leicht karamellisieren lassen. Danach mit der Gemüsebrühe ablöschen und alles ca. 8 Minuten köcheln lassen. Mit Muskatnuss würzen. Das Gemüse mit einer Schaumkelle aus der Brühe heben und beiseitelegen.

Den Backofen auf 200 °C vorheizen. Die Butter in einem zweiten Topf schmelzen lassen, mit Mehl abstäuben, anschwitzen und mit der Gemüsebrühe aufgießen. Die Milch zugießen und alles kurz aufkochen. Dann für ca. 5 Minuten köcheln lassen. Den Schmelzkäse einrühren, salzen und pfeffern.

Eine Auflaufform einfetten. Die Speiserüben- und Karottenscheiben darin verteilen. Die Sauce darüberschütten. Die Mandelblättchen obenauf verteilen. Im Backofen ca. 25 Minuten aufbacken. Falls nötig, wenn die Oberfläche zu dunkel wird, mit Alufolie abdecken. In der Zwischenzeit die Petersilie waschen, putzen und grob hacken. Vor dem Servieren die Petersilie über den Auflauf streuen.

LAMMRÜCKENFILET
AUF RÜBSTIELBLÄTTERN
und gewürfelten Speiserüben-Kartoffeln

FÜR 4 PORTIONEN

Für den Lammrücken: 1,5 kg Lammrücken ◆ 2 EL Olivenöl ◆ 400 g Lammfond
50 g kalte Butter ◆ **600 g SPEISERÜBEN** ◆ 500 g mehligkochende Kartoffeln
2 Bund Rübstielblätter (Stielmus, im Winter frisch aus Italien zu beziehen)
Für die Rübstielsauce: 1 große Zwiebel ◆ 1 EL Butter ◆ 100 g gewürfelter Speck
1 TL Mehl ◆ 150 g Sahne ◆ 1 EL Dijonsenf ◆ 1 Msp. frisch geriebene Muskatnuss
Meersalz ◆ weißer Pfeffer aus der Mühle
Für die Lammkruste: 6 Wacholderbeeren ◆ 2 EL Semmelbrösel ◆ 1 EL Dijonsenf
50 g Butter ◆ Salz ◆ weißer Pfeffer aus der Mühle

Den Backofen auf 180 °C vorheizen. Zuerst den Lammrücken salzen und pfeffern. In einem Bräter das Öl erhitzen und den Lammrücken von allen Seiten anbraten. Im heißen Backofen für ca. 8 Minuten weiterbraten. Das Fleisch aus dem Bräter nehmen und kurz warm stellen. Den Bratensatz mit dem Lammfond ablöschen, aufkochen lassen und mit der kalten Butter binden. Etwas eindicken lassen und leicht nachwürzen. Den Lammrücken wieder in den Bräter legen und warm stellen.

Die Speiserüben und die Kartoffeln waschen, schälen und in 2 cm große Würfel schneiden. In kochendem Salzwasser für ca. 15 Minuten garen. Warm halten.

In der Zwischenzeit die Rübstielblätter putzen, das untere Stielende abschneiden, waschen und in handbreite Stücke schneiden. In kochendem Salzwasser für ca. 2 Minuten blanchieren, herausholen und kalt abschrecken. Beiseitelegen.

Für die Rübstielsauce die Zwiebel schälen und würfeln. Die Butter erhitzen und die Zwiebel- und Speckwürfel darin andünsten. Mit dem Mehl bestäuben und die Sahne zugießen. Senf zugeben und mit Muskatnuss, Meersalz und Pfeffer würzen. Etwas andicken lassen, dabei umrühren, dass sich am Boden nichts ansetzt. Die blanchierten Rübstiele in die Sauce legen und warm stellen. Den Backofengrill anstellen.

Für die Lammkruste die Wacholderbeeren zerdrücken. Die Butter zerlassen. Mit den Semmelbröseln, dem Senf und den Wacholderbeeren verrühren. Diese Mischung auf dem warmen Lammrücken auftragen und unter dem Grill kurz anbräunen lassen. Den Lammrücken auf den Rübstielblättern mit Sauce platzieren und die Kartoffel-Rübenwürfel dazu garnieren.

Speiserübensuppe
MIT GERÖSTETEN
GEFLÜGELSTREIFEN

FÜR 4 PORTIONEN

600 g SPEISERÜBEN ◆ 1 Gemüsezwiebel ◆ 3 Knoblauchzehen ◆ 1 rote Chili
2 Minzestängel ◆ 800 g Hähnchenbrüste mit Haut und Knochen ◆ 3 EL Sesamöl
1 l Gemüsebrühe ◆ 10 g Safranfäden ◆ 3 EL ungeschälter Sesam ◆ 1 EL Sesamöl
Saft von 1 Orange ◆ 150 g Sahne ◆ Meersalz ◆ weißer Pfeffer aus der Mühle

Die Speiserüben waschen, schälen und grob würfeln. Die Gemüsezwiebel und die Knoblauchzehen ebenfalls schälen und würfeln. Die Chili mit Handschuhen aufschneiden, entkernen und in feine Streifen schneiden. Die Minze waschen, trocknen und die Blättchen abzupfen. Die Hähnchenbrüste waschen und gut abtrocknen.

In einem hohen Topf das Sesamöl erhitzen und Speiserüben, Zwiebel, Knoblauch und Chili darin rundherum ca. 4 Minuten anbraten. Dabei aufpassen, dass nichts anbrennt. Mit der Gemüsebrühe ablöschen und die Hähnchenbrüste zugeben. Die Safranfäden in die Flüssigkeit gleiten lassen. Aufkochen und ca. 40 Minuten zugedeckt köcheln lassen.

Danach die Hähnchenbrüste aus der Brühe nehmen, abkühlen lassen und die Haut entfernen. Das Fleisch vom Knochen lösen und in grobe Würfel schneiden. In einer Pfanne den Sesam ohne Fett rösten, herausnehmen und dann das Sesamöl in der Pfanne erhitzen. Die Geflügelwürfel darin goldgelb anbraten. Salzen, pfeffern und rundherum mit dem gerösteten Sesam bestreuen.

In die Suppe den Orangensaft und anschließend die Sahne geben. Mit einem Stabmixer alles gut pürieren. Wenn nötig, mit Salz und Pfeffer abschmecken. Zum Servieren die Sesam-Hähnchenwürfel mit der Suppe anrichten und die Minzeblättchen obenauf dekorieren.

Steckrübensalat
MIT
KÜRBISKERNEN

FÜR 4 PORTIONEN

400 g STECKRÜBEN ◆ 2 süße weiße Zwiebeln ◆ 2 Frühlingszwiebeln mit grünem Lauch ◆ 40 ml Weißweinessig ◆ 40 ml Rapsöl ◆ 40 ml Kürbiskernöl ◆ ½ Bund glatte Petersilie ◆ 2 EL Kürbiskerne ◆ 2 EL Granatapfelkerne ◆ Salz ◆ weißer Pfeffer aus der Mühle

Die Steckrübe waschen, schälen, erst in Scheiben und danach in feine Stifte schneiden. In kochendem Salzwasser ganz kurz blanchieren und sofort kalt abschrecken. Die Zwiebeln schälen und in feine Ringe schneiden. Die Frühlingszwiebeln waschen, putzen und in schräge Ringe schneiden.

Aus dem Essig, den Ölen, Salz und Pfeffer eine Vinaigrette rühren. Diese über die Steckrübenstifte und die Zwiebelringe geben und ca. 30 Minuten durchziehen lassen.

Die Petersilie putzen, waschen, trocken schütteln und hacken. In einer heißen Pfanne ohne Öl die Kürbiskerne anrösten, bis sie zu duften anfangen.

Zum Servieren die Petersilie mit dem Steckrübensalat mischen, die warmen Kürbis- und die Granatapfelkerne darüberstreuen und mit einem kräftigen Bauernbrot genießen.

Überbackene Steckrüben
MIT ITALIENISCHEM
TALEGGIO

FÜR 4 PORTIONEN

4 KLEINE STECKRÜBEN (ca. 1,5 kg) ◆ 100 g Butter ◆ 6 EL Ahornsirup ◆ 4 Rosmarin-stängel ◆ 8 Scheiben Taleggio ◆ 1 EL zerstoßener Koriander ◆ 1 EL gemahlene weiße Pfefferkörner ◆ Fleur de Sel

Den Backofen auf 200 °C vorheizen. Die Steckrüben waschen, schälen und in ca. 1 cm dicke Scheiben schneiden. Eine flache Auflaufform mit der Hälfte der Butter gut einfetten. Die Steckrübenscheiben wie Dachziegel in der Form aufeinanderlegen.

Die restliche Butter mit 4 EL Ahornsirup erwärmen und mit der Hälfte davon die Rüben bestreichen. Den Rosmarin waschen und trocken schütteln, zwischen die Steckrüben legen und im Backofen ca. 20 Minuten backen lassen.

Dann noch mal mit der restlichen Butter-Ahornsirup-Mischung bestreichen und für weitere 35 Minuten garen lassen. Herausnehmen und die Taleggioscheiben über die Rüben verteilen, sodass sie ein bisschen zerlaufen. Anschließend mit den Gewürzen und dem Salz bestreuen.

Den restlichen Ahornsirup über den Käse verteilen und gleich servieren. Dazu schmeckt ein knuspriges Baguettebrot.

Steckrübeneintopf MIT ZWEIERLEI FLEISCH

FÜR 4 PORTIONEN

2 Gänsekeulen ◆ 500 g Kassler ◆ je 1 Stängel Majoran, Beifuss und Bohnenkraut (nach Belieben getrocknete Gewürze) ◆ **1 kg STECKRÜBEN** ◆ 500 g festkochende Kartoffeln ◆ 2 EL Bio-Gemüsebrühe ◆ frisch geriebene Muskatnuss ◆ Salz schwarzer Pfeffer aus der Mühle

Die Gänsekeulen zusammen mit dem Kassler und den Kräutern zugedeckt in 2 l Wasser ca. 30 Minuten kochen lassen.

In der Zwischenzeit die Steckrüben und die Kartoffeln waschen, schälen und in mittelgroße Würfel schneiden. Die Steckrüben nach den 30 Minuten Kochzeit zum Fleisch dazugeben und für weitere 40 Minuten köcheln lassen. Die Kartoffeln in kochendem Salzwasser bissfest kochen.

Danach die Kräuterstängel, das Kassler und die Gänsekeulen herausnehmen und kurz abkühlen lassen. Das Fleisch von Knochen und Haut befreien und in Würfel schneiden. Zusammen mit den gekochten Kartoffelwürfeln in die Brühe geben. Mit Salz und Pfeffer würzen und die Muskatnuss darüberreiben.

STECKRÜBEN LIEBEN MUSKATNUSS. MIT DIESEM GEWÜRZ ENTFALTET DIE RÜBE EIN BESONDERS KÖSTLICHES AROMA.

Steckrüben-
EINTOPF

FÜR 4 PORTIONEN

1 große Zwiebel   ◆   **800 g STECKRÜBEN**   ◆   600 g festkochende Kartoffeln
4 Karotten   ◆   1 Quitte   ◆   2 Tomaten   ◆   1 EL Petersilie   ◆   2 EL Olivenöl
2 cm frische Ingwerwurzel   ◆   200 g geschälte Kastanien   ◆   750 ml Gemüsebrühe
1 Thymianzweig   ◆   1 Majoranzweig   ◆   frisch geriebene Muskatnuss   ◆   Salz   ◆   Pfeffer

Die Zwiebel schälen und fein würfeln. Die Steckrübe waschen, ebenfalls schälen und
würfeln. Die Kartoffeln und die Karotten waschen, schälen und in kleine Würfel
schneiden. Die Quitte schälen und in kleine Stücke schneiden. Die Tomaten waschen
und vierteln. Die Petersilie waschen und fein hacken.

In einem größeren Topf das Öl erhitzen und die Zwiebel darin goldgelb anschwitzen.
Den Ingwer schälen und zusammen mit Steckrübe, Kastanien, Kartoffeln, Karotten
und Quittenstücken zugeben. Mit der Gemüsebrühe ablöschen und einmal aufkochen
lassen. Bei mittlerer Hitze ca. 25 Minuten köcheln lassen.

Danach die Tomatenviertel und die frischen Kräuter hinzufügen. Nochmals weitere
5 Minuten köcheln lassen. Das Ingwerstück und die Kräuterzweige herausnehmen. Mit
Muskatnuss, Salz und Pfeffer würzen und die Petersilie zuletzt über den Eintopf streuen.

Steckrüben-Röstis
MIT
ENTENCONFIT

FÜR 16 STÜCK

Für das Confit: 4 Entenkeulen ◆ 200 g grobes Meersalz ◆ je 2 Stängel Majoran, Rosmarin und Thymian ◆ 3 Knoblauchzehen ◆ 1–1½ kg Entenschmalz ◆ 4 Lorbeerblätter 1 EL weiße Pfefferkörner
Für die Röstis: **800 g STECKRÜBEN** ◆ 2 Eier (Größe M) ◆ 60 g Buchweizenmehl ½ TL frisch geriebene Muskatnuss ◆ 1 Msp. Anispulver ◆ 4 EL Rapsöl ◆ 8 Thymianzweige 3 EL getrocknete Cranberries ◆ Salz ◆ weißer Pfeffer aus der Mühle

Für das Entenconfit die Keulen mit dem Salz einreiben und für 12 Stunden kalt stellen. Danach abwaschen und trocken tupfen. Die Kräuter waschen und trocken schütteln. Die Knoblauchzehen flach drücken. In einen hohen Topf das Schmalz zusammen mit dem Knoblauch, den Kräutern und den Gewürzen geben. Die Entenkeulen dazulegen und bei niedriger Temperatur für 4 Stunden einlegen.

Dabei die Keulen immer mit Schmalz bedecken. Wenn sich das Fleisch locker vom Knochen lösen lässt, ist das Confit fertig. Herausnehmen, das Fleisch vom Knochen zupfen und zusammen mit der Haut in kleinere Stücke teilen. Die Fleischstücke in vorbereitete, saubere Schraubgläser aufeinanderschichten, etwas andrücken und dann mit dem flüssigen Schmalz begießen. Mit Backpapier bedecken und im Kühlschrank kalt werden lassen. Das Confit lässt sich mindestens 2–3 Monate ungeöffnet aufbewahren.

Ist noch Schmalz übrig, dieses sieben und ebenfalls in den Kühlschrank stellen. Es hält sich einen ganzen Winter über und ist als Aufstrich sehr zu empfehlen.

Für die Röstis die Steckrüben waschen, schälen und in schmale Streifen hobeln. Die Eier in einer Schüssel mit den Steckrübenstreifen vermischen. Das Mehl unterheben und alles gut miteinander vermischen. Kräftig salzen und pfeffern, mit Muskatnuss und Anis würzen.

Den Backofen auf 120 °C vorheizen. In einer großen Pfanne etwas von dem Öl erhitzen. Von der Steckrüben-masse löffelweise abnehmen und in der Pfanne von jeder Seite 3–4 Minuten flach gedrückt braten. Dabei immer ein kleines Thymianstück mitbraten. Im vorgewärmten Backofen die fertigen Röstis warm halten. Zum Servieren das Entenconfit auf die Steckrübenröstis legen und einige Cranberries darübergeben.

holzig
herzhaft
warm

PETERSILIENWURZEL

SELLERIE

Zuckerrübe

PASTINAKE

SKREI IM
Zuckerrüben-Kartoffel-
GEMÜSE

FÜR 4 PORTIONEN

4 Skrei-Filets (à 150–200 g; Winterkabeljau) ◆ **½ ZUCKERRÜBE** ◆ 400 g kleine festkochende Kartoffeln ◆ 2 Knoblauchzehen ◆ 3 EL Olivenöl ◆ 1 EL feiner Rohrzucker ◆ 75 ml trockener Weißwein ◆ 400 ml Gemüsefond ◆ 2 Majoranstiele ◆ 2 EL geröstete Kürbiskerne ◆ Meersalz ◆ weißer Pfeffer aus der Mühle

Die Fischfilets vorsichtig waschen und trocknen. Die Zuckerrübe und die Kartoffeln schälen, waschen, trocknen und in kleine, gleich große Viertel schneiden. Die Knoblauchzehen schälen und in Scheiben schneiden.

In einer großen Pfanne das Olivenöl erhitzen und die Fischfilets zuerst auf der Fleischseite goldbraun anbraten. Die Knoblauchzehen, die Zuckerrüben- und Kartoffelstücke dazulegen, den Rohrzucker darüberstreuen. Danach alles salzen und pfeffern. Die Skrei-Filets wenden und von der anderen Seite anbraten. Mit Weißwein und Gemüsefond ablöschen und einmal kurz aufkochen lassen.

Den Backofen auf 75 °C vorheizen. Die Pfanne in den vorgeheizten Ofen geben und nicht länger als 10 Minuten ziehen lassen. Die Majoranstiele waschen, trocken schütteln und die Blättchen abzupfen.

Zum Servieren das Zuckerrüben-Kartoffel-Gemüse zuerst auf eine Platte legen und den Skrei darauf platzieren. Die gerösteten Kürbiskerne und die Majoranblättchen locker darüber verteilen.

ZUCKERRÜBEN-SPÄTZLE

Orient meets Okzident

FÜR 4 PORTIONEN

800 g ZUCKERRÜBEN ◆ 2 süße weiße Zwiebeln ◆ ½ Vanillestange ◆ ¼ TL frisch geriebene Muskatnuss ◆ 100 g Sahne ◆ 1 Prise Kurkuma ◆ 1 Prise Anis ◆ Salz weißer Pfeffer aus der Mühle
Für die Spätzle: 500 g doppelgriffiges Mehl ◆ 5 Eier ◆ 1 TL Salz ◆ 150 g Sahne 200 g Lachsschinken ◆ Salz ◆ weißer Pfeffer aus der Mühle

Die Zuckerrüben gut waschen, schälen, in 1 cm dicke Scheiben schneiden und anschließend würfeln. Die Zwiebeln schälen und ganz fein würfeln. Das Mark der Vanillestange auskratzen. Die Zuckerrüben, die Zwiebeln und das Vanillemark in 100 ml Wasser geben. Das Wasser erhitzen und für 30 Minuten garen. Mit Muskatnuss, Pfeffer und Salz würzen. Sahne zugeben, Kurkuma und Anis einstreuen.

Für die Spätzle das Mehl in eine Schüssel geben. Die Eier und das Salz zufügen und 250 ml Wasser zugießen. Den Teig so lange aufschlagen, bis er Blasen wirft. Wenn der Teig zu fest ist, etwas Wasser nachschütten.

In einem hohen Topf mit kochendem Salzwasser die Spätzle mit einer Presse nach und nach ins Wasser fallen lassen. Wenn sie nach oben steigen, mit einer Schaumkelle abschöpfen und warm stellen.

Die Sahne in einer Kasserolle erhitzen, salzen und pfeffern. Den Lachsschinken in feine Streifen schneiden und in die Sahne geben. Zum Anrichten das Zuckerrüben-Sahnegemüse um die Spätzle legen. Die Lachsschinken-Sahne großzügig über alles verteilen.

LATWERSCH
MIT
Zuckerrübensirup

FÜR 8 SCHRAUBDECKELGLÄSER

Für den Zuckerrübensirup: **1 kg ZUCKERRÜBEN** ◆ 150 ml Apfelsaft ◆ 4 Zimtstangen
Für die Latwersch: 2,5 kg Zwetschgen ◆ 500 g Zuckerrübensirup

Die Zuckerrüben gut waschen, schälen und dann auf einer groben Reibe raspeln. Diese Stücke am besten mit einer Kartoffelpresse gut ausdrücken. Mit einem Handtuch die übrig gebliebenen Reste durchpressen, die Fasern aber nicht mit in den Saft geben.

Den Saft in einen hohen Kochtopf schütten. Den Apfelsaft und die Zimtstangen zufügen. Unter Rühren die Flüssigkeit zum Kochen bringen. Den Schaum, der sich dabei bildet, immer wieder abschöpfen. Diese Prozedur ist zeitlich sehr aufwendig und kann einen Tag in Anspruch nehmen. Der Sirup wird beim Kochen immer zähflüssiger. Damit nichts anbrennt, regelmäßig umrühren und die Temperatur immer mehr reduzieren, je mehr der Sirup eindickt. Nach der Fertigstellung den Sirup nochmals durch ein Küchentuch pressen. Danach in die vorbe-reiteten, sauberen Gläser füllen.

Für die Latwersch die Zwetschgen entsteinen und abwechselnd mit Zuckerrübensirup in einem großen Topf lagenweise einschichten. Das Ganze über Nacht stehen lassen. Dann langsam ohne Deckel und ohne zu rühren zum Kochen bringen. Für ca. 5 Stunden köcheln lassen. Danach vom Herd nehmen und für 30 Minuten umrühren. Noch heiß in saubere Schraubdeckelgläser füllen. Haltbar ist das Mus für ein ganzes Jahr.

ZUCKERRÜBEN, KICHERERBSEN

und Seeteufelbäckchen

FÜR 4 PORTIONEN

800 g ZUCKERRÜBEN ◆ 1 große rote Zwiebel ◆ 3 Knoblauchzehen ◆ 2 Dosen Kichererbsen (à 450 g) ◆ 8 EL Olivenöl ◆ 200 g Gemüsebrühe ◆ abgeriebene Schale von 1 unbehandelten Zitrone ◆ ½ Zitrone ◆ 3 TL Tahini ◆ 1 Msp. Kurkuma ◆ Salz ◆ weißer Pfeffer aus der Mühle ◆ *Für die Seeteufelbäckchen:* 40 g Sesam ◆ 600 g Seeteufelbäckchen (Lotte) ◆ 50 g Butter ◆ Fleur de Sel ◆ weißer Pfeffer

Die Zuckerrüben gründlich waschen und schälen. In 1 cm dicke Scheiben schneiden und dann würfeln. Die Zwiebel und den Knoblauch ebenfalls schälen und in kleine Würfel schneiden. Die Kichererbsen in ein Sieb abgießen und mit kaltem Wasser abspülen. 3 EL Olivenöl in einer Pfanne erhitzen und die Zwiebel, den Knoblauch und die Zuckerrüben für ca. 5 Minuten andünsten lassen. Die abgetropften Kichererbsen zugeben, mit der Gemüsebrühe auffüllen und für ca. 15 Minuten zugedeckt köcheln lassen.

Die Zitronenschale fein abreiben und den Saft von einer halben Zitrone auspressen. Von den Zitronenzesten und den Zuckerrübenwürfeln einige für die Dekoration beiseitelegen. 1 EL Olivenöl in der Pfanne erhitzen, die restlichen Zesten und die Zuckerrüben darin bei ständigem Wenden für ca. 3 Minuten dünsten und mit Pfeffer würzen. Die Kichererbsen zusammen mit den Zuckerrüben und der Gemüsebrühe zu einem Hummus pürieren. Mit Zitronensaft, Tahini, Kurkuma, Salz und Pfeffer abschmecken. In eine Schüssel zum leichten Abkühlen geben.

Für die Seeteufelbäckchen den Sesam in einer Pfanne ohne Fett anrösten. Die Seeteufelbäckchen pfeffern. Die Butter in einer Pfanne aufschäumen lassen und die Seeteufelbäckchen für ca. 2 Minuten bräunen. Wenden und für 1 weitere Minute auf dem Herd lassen, danach im Sesam wälzen.

Zum Servieren den Hummus anrichten. Die beiseitegelegten Zitronenzesten und die Zuckerrübenstücke darauf verteilen, den verbliebenen Sesam dazu dekorieren und das restliche Olivenöl darüberträufeln. Die gebratenen Seeteufelbäckchen dazulegen.

Zuckerrübensuppe
MIT VANILLE-GESCHMACK

FÜR 4 PORTIONEN

1 kg ZUCKERRÜBEN ◆ 3 mehligkochende Kartoffeln ◆ 1 Gemüsezwiebel ◆ 250 g Butter ◆ 3 Thymianstängel ◆ 6 Pimentkörner ◆ 3 Sternanis ◆ 1 Lorbeerblatt ◆ ½ TL schwarze Pfefferkörner ◆ 6 Stängel glatte Petersilie ◆ 200 g Sahne ◆ Mark von ¾ Vanillestange ◆ ½ TL frisch geriebene Muskatnuss ◆ Meersalz

Die Zuckerrüben schälen und in kleine Würfel schneiden. Die Kartoffeln schälen und ebenfalls würfeln. Die Zwiebel schälen und würfeln. 125 g Butter in einem großen Topf zerlaufen lassen und das Gemüse für ca. 5 Minuten darin anschwitzen. Mit 1 l kochendem Wasser auffüllen, sodass das Gemüse gerade bedeckt ist.

Die Thymianstängel waschen und klein schneiden. In einen Teebeutelbehälter die Pimentkörner, die Sternanis, das Lorbeerblatt, die Pfefferkörner und den Thymian legen, sodass sie gut entfernt werden können. Die Petersilie waschen, trocknen und fein hacken. Das Ganze für ca. 1 Stunde zugedeckt köcheln lassen.

Zum Schluss den Teebeutelbehälter mit den Gewürzen herausnehmen. Die restliche Butter in die Suppe geben und alles fein pürieren. Die Sahne dazugießen, gut verrühren und nicht mehr kochen lassen. Jetzt das Vanillemark und die Muskatnuss unterheben, gut verrühren und, wenn nötig, nochmals nachsalzen.

Pastinakentaler
MIT
PILZEN

FÜR 4 PORTIONEN

800 g PASTINAKEN ◆ 200 g Kräuterseitlinge ◆ 2 rote Zwiebeln ◆ 60 g Butter
2–3 EL Rapsöl ◆ Saft von ½ Zitrone ◆ Fleur de Sel ◆ frisch gemahlener weißer Pfeffer

Die Pastinaken schälen und in 0,5 cm dicke Scheiben schneiden. In kochendem Wasser
ca. 10 Minuten blanchieren. Durch ein Sieb abgießen, kurz mit kaltem Wasser abschrecken und abtropfen lassen. Im Kochtopf warm stellen.

Die Kräuterseitlinge putzen und halbieren. Die Zwiebeln schälen und in dünne Ringe
schneiden. In einer Pfanne bei mittlerer Temperatur die Butter zerlassen und mit dem
Rapsöl erhitzen. Zunächst die Zwiebelringe knusprig braten, mit dem Schaumlöffel
herausheben und warm stellen. Dann die Kräuterseitlinge von beiden Seiten goldbraun anbraten. Zum Schluss die Pastinakenscheiben im heißen Fett bräunen.

Zum Servieren die Pastinakenscheiben auf Tellern anrichten und mit Zitronensaft
beträufeln. Kräftig mit Fleur de Sel und Pfeffer würzen. Die gebratenen Zwiebelringe
und die Kräuterseitlinge auflegen. Dazu schmeckt frisches, selbst gebackenes Brot.

Pastinaken-
CURRY

FÜR 4 PORTIONEN

200 g Kichererbsen ◆ **600 g PASTINAKEN** ◆ 400 g festkochende Kartoffeln ◆ 2 Zwiebeln
4 getrocknete Tomaten ◆ 2 cm frische Ingwerwurzel ◆ 2 EL Kokosfett ◆ 650 ml Gemüsebrühe ◆ ½ TL gemahlener Kreuzkümmel ◆ ½ TL weißer Pfeffer ◆ 1 TL gemahlener Koriander
½ TL gemahlener Kardamom ◆ ½ TL Cayennepfeffer ◆ ½ TL Chilipulver

Die Kichererbsen über Nacht einweichen. Am nächsten Tag im Einweichwasser
ca. 1 Stunde kochen, bis sie weich sind. Pastinaken, Kartoffeln und Zwiebeln schälen.
Pastinaken und Kartoffeln grob, die Zwiebeln fein würfeln. Die Tomaten in grobe
Stücke schneiden, den Ingwer schälen und fein reiben.

In einer Kasserolle bei mittlerer Temperatur das Kokosfett zerlassen und die Zwiebel-
würfel darin anbraten. Pastinaken- und Kartoffelstücke zugeben und einige Minuten
mitbraten. Tomatenstücke, Ingwer, Kichererbsen und Gemüsebrühe zufügen.

In einer kleinen Schüssel alle Gewürze gut miteinander zu einer Currymischung
vermengen. Das Gericht vorsichtig nach gewünschtem Schärfegrad würzen und bei
mittlerer Temperatur ca. 20 Minuten köcheln. In einer großen oder vier kleinen
Schüsseln anrichten und servieren.

Pastinaken
MIT KÄSE-
NUSS-KRUSTE

FÜR 4 PORTIONEN

600 g PASTINAKEN ◆ 4 EL Olivenöl ◆ 100 g Walnusskerne ◆ 150 g Schafskäse
1 EL Honig ◆ 1 Bund glatte Petersilie ◆ abgeriebene Schale von 1 unbehandelten Zitrone
1 TL Currypulver ◆ Salz ◆ frisch gemahlener weißer Pfeffer

Den Backofen auf 175 °C vorheizen. Die Pastinaken schälen, die oberen und unteren Enden
abschneiden und die Wurzeln längs halbieren. Eine Auflaufform mit 2 EL Olivenöl einfetten und die Pastinaken mit der Schnittfläche nach unten in die Form legen. Die Pastinaken
mit dem restlichen Öl bestreichen. Im Ofen ca. 15 Minuten backen.

In der Zwischenzeit die Walnusskerne hacken und in einer Pfanne bei mittlerer Temperatur ohne Fett anrösten. Die Temperatur reduzieren und den Schafskäse darüber-
bröseln, dann den Honig zugeben. Kurz erhitzen, danach die Pfanne vom Herd ziehen.
Die Petersilie fein hacken und zufügen. Alles mit Zitronenschale, Currypulver, Salz
und Pfeffer würzen.

Die gebackenen Pastinaken aus dem Ofen nehmen und in der Form wenden. Auf den
Schnittflächen die Käse-Walnuss-Mischung verteilen und die Pastinaken für weitere
10 Minuten in den Backofen stellen. Heiß servieren. Dazu schmeckt knuspriges Brot.

Pastinaken-
AUFLAUF

FÜR 4 PORTIONEN

40 g Butter für die Form ◆ **1 kg PASTINAKEN** ◆ 2 Eier ◆ 250 ml Milch ◆ 200 g Sahne
4 Tomaten ◆ 100 g Parmesan ◆ Salz ◆ frisch gemahlener weißer Pfeffer

Den Backofen auf 180 °C vorheizen. Eine Auflaufform mit Butter einfetten. Die Pastinaken schälen, in Scheiben schneiden und in die Form schichten. Kräftig mit Salz und
Pfeffer würzen.

In einer Schüssel die Eier mit der Milch und der Sahne schaumig schlagen und über die
Pastinaken gießen. Sie sollten komplett mit Flüssigkeit bedeckt sein.

Die Tomaten in Scheiben schneiden, dabei die Stielansätze entfernen und auf die Pastinaken schichten. Den Parmesan reiben und darüberstreuen. Den Auflauf 40 Minuten
im Ofen backen – wird er zu dunkel, mit etwas Alufolie abdecken. In der Auflaufform
servieren und Wildreis oder Bauernbrot dazureichen.

Lachsfiletpäckchen
MIT PASTINAKEN-
GEMÜSE

FÜR 4 PORTIONEN

1 Lauchstange ◆ 4 Lachsfilets (à 120 g) ◆ Saft von ½ Zitrone ◆ 4 EL Rapsöl ◆ **1 kg PASTINAKEN** ◆ 150 g Kirschtomaten ◆ 1 EL Ahornsirup ◆ 5 EL dunkle Balsamico-Creme ◆ 50 ml Orangensaft ◆ 1 Prise Zucker ◆ Salz ◆ frisch gemahlener weißer Pfeffer ◆ glatte Petersilie zum Garnieren, frisch gehackt

Vom Lauch das grüne Ende abschneiden, die Stange halbieren, waschen und in einzelne Blätter teilen. Diese in kochendem Salzwasser blanchieren, danach kalt abschrecken und mit Küchenpapier trocken tupfen.

Die Lachsfilets mit Zitronensaft beträufeln, mit Salz und Pfeffer würzen. Mit den Lauchblättern umwickeln – die Päckchen lassen sich bei Bedarf mit einem feinen Streifen vom frischen Lauch verschließen. In einer Pfanne 3 EL Rapsöl bei mittlerer Temperatur erhitzen und die Fischfiletpäckchen darin ca. 8 Minuten von beiden Seiten anbraten, dann warm stellen.

Die Pastinaken dünn schälen und mit einem Julienneschneider oder einem scharfen Messer in lange, dünne Streifen schneiden. In einer Pfanne das restliche Rapsöl bei mittlerer Temperatur erhitzen und die Pastinakenstreifen darin ca. 3 Minuten unter vorsichtigem Wenden dünsten. Die Kirschtomaten zufügen und ca. 4 Minuten mitdünsten. Ahornsirup, Balsamico-Creme und Orangensaft zufügen und das Gemüse noch einmal kurz köcheln lassen. Mit Zucker, Salz und Pfeffer abschmecken. Das Gemüse warm stellen.

Zum Servieren die Lachstranchen auf vorgewärmte Teller legen und die Pastinaken-Tomaten-Mischung dazu anrichten. Die Petersilie fein hacken und darüberstreuen. Dazu passen Wildreis oder grüne Tagliatelle.

SELLERIE-FRITES

mit Salzzitronen-

MAYONNAISE

FÜR 4 PORTIONEN

600 g KNOLLENSELLERIE ◆ Saft von ½ Zitrone ◆ 100 g Mehl ◆ 250 g Butterschmalz zum Braten
Für die Mayonnaise: 1 Eigelb ◆ 1 EL Zitronensaft ◆ 1 TL feiner Dijonsenf
150 ml Leindotteröl ◆ 10 g Salzzitronenschale

Den Knollensellerie schälen und in Pommes-Frites-ähnliche Stäbchen schneiden. Mit dem Zitronensaft beträufeln und anschließend im Mehl wälzen. In einer hohen Pfanne nach und nach das Butterschmalz erhitzen. In kleineren Portionen die Sellerie-Frites hintereinander goldbraun ausbacken.

Für die Mayonnaise das Eigelb zusammen mit dem Zitronensaft und dem Senf mit einem Schneebesen so lange kräftig schlagen, bis die Masse zu dicken anfängt. Dann tropfenweise das Öl unter weiterem Schlagen zugießen. Ist die Masse genügend ange-dickt, kann man das restliche Öl in einem dünnen Strahl bei ständigem Rühren einrüh-ren. Zum Schluss wird die geriebene Schale der Salzzitrone untergehoben.

Die Sellerie-Frites zusammen mit dem Mayonnaise-Dip als knackige Zwischenmahlzeit oder auch passend zu einem guten Fernsehkrimi servieren. Zu diesem Vesper-Vorschlag schmeckt besonders gut ein knackiger, süßer Karottensalat.

ÜBERBACKENE SELLERIESCHEIBEN

mit Gewürz-Couscous

FÜR 4 PORTIONEN

600 g KNOLLENSELLERIE ◆ 250 g Gemüsebrühe ◆ ½ TL Kurkuma ◆ 1 TL Harissa
½ TL Zimt ◆ 150 g Couscous ◆ 40 g Erdnusskerne ◆ 2 EL Olivenöl ◆ Meersalz
weißer Pfeffer aus der Mühle
Für die Sauce: 1 Zwiebel ◆ 1 EL Olivenöl ◆ 1 Dose geschälte Tomaten (400 g) ◆ 1 TL Harissa
½ TL Zimtpulver ◆ ½ TL Paprika edelsüß ◆ 1 Prise Zucker ◆ ½ TL Meersalz ◆ 40 g Erdnusskerne ◆ 250 g Emmentalerscheiben zum Überbacken

Den Sellerie waschen, schälen und in ca. 1 cm dicke Scheiben schneiden. Beiseitestellen.
Die Gemüsebrühe mit Kurkuma, Harissa und Zimt aufkochen. Den Couscous darin
einrühren, vom Herd nehmen und nach Anleitung quellen lassen. Die Erdnusskerne
hacken, mit dem Olivenöl und dem Couscous verrühren. Mit Salz und Pfeffer würzen.

Für die Sauce die Zwiebel schälen und fein würfeln. Das Olivenöl in einer Pfanne erhitzen und die Zwiebel darin glasig dünsten. Die Tomatenstücke zuschütten und mit
den Gewürzen vermischen. Salzen und pfeffern. Die Erdnusskerne hacken und zugeben.
Einmal kurz aufkochen lassen und vom Herd nehmen.

Den Backofen auf 200 °C vorheizen. Die Sauce in eine große Auflaufform füllen. Die
Selleriescheiben daraufsetzen und mit dem Gewürz-Couscous dick belegen. Im
vorgeheizten Ofen für 25 Minuten backen lassen. Für die letzten 10 Minuten die Käse-
scheiben über den Couscous legen.

SELLERIE-SUPPE

Very british

FÜR 4 PORTIONEN

600 g KNOLLENSELLERIE ◆ 2 Stangensellerie ◆ 1 Gemüsezwiebel ◆ 80 g Butter ◆ 20 g Mehl ◆ 800 ml Geflügelbrühe ◆ 150 g Stilton-Käse ◆ 100 g Sahne ◆ ½ Bund Schnittlauch ◆ 50 g Walnusskerne ◆ Meersalz ◆ weißer Pfeffer aus der Mühle

Den Sellerie waschen, schälen und in kleine Würfel schneiden. Die Zwiebel schälen und klein würfeln. In einem großen Topf die Butter schmelzen lassen und den gewürfelten Sellerie und die Zwiebel darin für ca. 10 Minuten dünsten lassen.

Das Mehl darüberstreuen, dabei das Rühren nicht vergessen. Weiter anschwitzen lassen und nach und nach die Brühe zuschütten. Alles zugedeckt bei kleiner Hitze für ca. 20 Minuten köcheln lassen. Die Suppe leicht abkühlen lassen und dann fein pürieren.

Die Hälfte der Suppe mit dem Käse vermischen und fein pürieren. Zur anderen Hälfte die Sahne zufügen. Nochmals gut durchrühren. Mit Salz und Pfeffer abschmecken.

Den Schnittlauch waschen, trocken tupfen und in feine Röllchen schneiden. Die Walnusskerne hacken und zusammen mit den Schnittlauchröllchen obenauf streuen.

Sellerie-
FITMACHER-
SALAT

FÜR 4 PORTIONEN

400 g SELLERIE ◆ 2 süß-säuerliche Äpfel ◆ 3 EL Zitronensaft ◆ 1 Endiviensalat
1 Bund Schnittlauch
Für die Salatsauce: 150 g Vollmilchjoghurt ◆ abgeriebene Schale von 1 unbehandelten
Orange ◆ 125 ml Orangensaft ◆ 2 EL Zitronensaft ◆ 2 TL Zucker ◆ 1 EL Olivenöl
8 Scheiben Roastbeef ◆ 150 g Meerrettichfrischkäse ◆ 100 g Walnusskerne
Salz ◆ weißer Pfeffer aus der Mühle

Den Sellerie und die Äpfel waschen. Den Sellerie schälen und in feine Streifen schneiden.
Die Äpfel halbieren, entkernen und achteln. Beides mit dem Zitronensaft beträufeln
und vermischen. Den Endiviensalat putzen, waschen und trocken schleudern. Danach
in feine Streifen schneiden. Den Schnittlauch waschen, trocken schütteln und in kleine
Röllchen schneiden.

Für die Salatsauce den Joghurt mit der Orangenschale vermischen, den Orangen- und
Zitronensaft zuschütten. Mit Salz, Pfeffer und Zucker würzen. Das Olivenöl zugeben und
die Sauce gut verrühren.

Die Roastbeefscheiben auflegen und mit dem Frischkäse bestreichen. Danach die Scheiben zusammenrollen und in ca. 3 cm dicke Stücke schneiden.

Zum Servieren den Endiviensalat mit den Apfelstücken und Selleriestreifen vermischen.
Die Salatsauce unterheben und die Roastbeefröllchen verteilen. Zum Schluss die
Walnusskerne grob hacken und darüberstreuen. Dazu passt ein knackiges Baguette
oder ein Ciabattabrot.

Gebutterte Petersilienwurzeln
MIT ENTENBRUST
AN ORANGENSAUCE

FÜR 4 PORTIONEN

Für die Petersilienwurzeln: **8 GLEICH GROSSE PETERSILIENWURZELN** ◆ 75 g Butter
1 EL gehackte glatte Petersilie ◆ 1 süßer Apfel ◆ 1 TL Zitronensaft ◆ Salz
Für die Entenbrust: 2 Entenbrüste (à 40 g) ◆ ½ TL gemörserter Piment ◆ Salz
weißer Pfeffer aus der Mühle
Für die Orangensauce: 600 ml frisch gepresster Orangensaft ◆ abgeriebene Schale von
2 unbehandelten Orangen ◆ 100 ml Geflügelfond ◆ 1 EL frisch gemörserter
Kubebenpfeffer ◆ 2 cm frische Ingwerwurzel ◆ ½ EL Rohrzucker ◆ 1 Thymianstängel
50 g gefrorene Butter zum Binden ◆ Meersalz

Die Petersilienwurzeln schälen und in gleich große Stücke schneiden. Die Petersilienwurzelstücke in einem mit Salzwasser gefüllten Topf bissfest garen. Das Wasser abgießen, Butter und Petersilie zugeben. Den Apfel schälen, entkernen und darüberreiben. Den Zitronensaft zufügen. Beiseitestellen. Den Backofen auf 100 °C vorheizen.

Die Entenbrüste waschen, trocken tupfen und die Haut vorsichtig kreuzweise einritzen. Mit Salz, Pfeffer und Piment kräftig würzen. Eine feuerfeste Pfanne ohne Fett erhitzen. Die Entenbrüste darin zuerst auf der Hautseite für ca. 5 Minuten anbraten, dann umdrehen und auf der Fleischseite für weitere 2–3 Minuten kräftig braten. Dann im heißen Ofen für ca. 35 Minuten weiter braten.

Für die Orangensauce den Orangensaft zusammen mit den abgeriebenen Schalen und dem Geflügelfond erhitzen, dann etwas einreduzieren lassen. Den Ingwer schälen und reiben. Die Sauce mit schwarzem Pfeffer, Ingwer, Meersalz und Zucker abschmecken. Den Thymian waschen, trocknen, die Blättchen abzupfen und fein hacken.

Vor dem Servieren den Thymian in die Sauce geben und dann die kalte Butter in Flocken zum Binden zufügen, aber nicht mehr kochen lassen. Zum Servieren zuerst die Petersilienwurzelstücke auflegen, die Entenbrüste daneben platzieren und die Orangensauce daneben verteilen.

Petersilienwurzel-
MARONEN-
SUPPE

FÜR 4 PORTIONEN

200 g PETERSILIENWURZELN ◆ 2 Karotten ◆ 2 Lorbeerblätter ◆ 8 Wacholderbeeren
1 EL Rapsöl ◆ 2 EL Gemüsebrühe ◆ 150 g Maronen, vakuumverpackt
100 g Bresaola-Schinken ◆ 75 g Crème fraîche ◆ 1 EL gehackte glatte Petersilie

Die Petersilienwurzeln und die Karotten waschen, schälen und in Scheiben schneiden. Die Lorbeerblätter und die Wacholderbeeren grob hacken, in einen Papier-Teefilter geben und zubinden. In einem Topf das Öl erhitzen und die Petersilienwurzel- und Karottenscheiben darin andünsten.

Die Gemüsebrühe in 1 l Wasser einrühren. Damit das gedünstete Gemüse ablöschen und aufkochen lassen. Den Gewürzbeutel dazulegen. Die Maronen vierteln und in der Suppe erhitzen. Den Bresaola-Schinken in kleinere Stücke zupfen und ebenfalls in die Suppe geben. Alles für ca. 10 Minuten köcheln lassen.

Zum Servieren den Gewürzbeutel entfernen. Die Suppe mit einem Klacks Crème fraîche garnieren und die Petersilie darüber verteilen.

Petersilienwurzel- GRATIN

FÜR 4 PORTIONEN

800 g PETERSILIENWURZELN ◆ 400 g San-Daniele-Schinken, am Stück ◆ ½ Bund Schnittlauch ◆ 3 EL frisch geriebener Parmesan ◆ 250 g Crème double 1 Msp. frisch geriebene Muskatnuss ◆ Meersalz ◆ weißer Pfeffer aus der Mühle Fett für die Auflaufform

Die Petersilienwurzeln waschen, schälen und in 1 cm dicke Stifte schneiden. In kochendem Salzwasser für ca. 5 Minuten vorgaren.

Den Backofen auf 175 °C vorheizen. Eine große Auflaufform oder vier kleine gut einfetten.

Den Schinken würfeln. Den Schnittlauch waschen, in Röllchen schneiden und mit dem Parmesan vermischen. Die Crème double kräftig aufschlagen und den Parmesan-Schnittlauch unterziehen. Mit Salz, Pfeffer und Muskatnuss würzen.

Die Petersilienwurzelstifte mit dem Schinken vermischen und in die Auflaufform füllen. Die Parmesan-Crème-double-Mischung darüber verteilen und im heißen Ofen für ca. 10 Minuten goldbraun backen lassen.

FEINE GEMÜSESAUCE
AN JAKOBSMUSCHELN
auf Petersilienpüree

FÜR 4 PORTIONEN

Für die Sauce: 50 g mehligkochende Kartoffeln ◆ **100 g PETERSILIENWURZELN** 30 g Butter ◆ 2 EL fein geschnittene Lauchzwiebeln zzgl. 2 Lauchzwiebeln zum Dekorieren ◆ 250 ml Gemüsebrühe ◆ 1 Msp. frisch geriebene Muskatnuss 1 EL saure Sahne ◆ 1 EL frisch gehackte Wildkräuter der Saison ◆ Meersalz
Für das Petersilienpüree: **600 g PETERSILIENWURZELN** ◆ 50 g weiche Butter 1 Msp. frisch geriebene Muskatnuss ◆ Salz ◆ Pfeffer
Für die Jakobsmuscheln: 16 frisch ausgelöste Jakobsmuscheln ◆ 4 TL Butterschmalz Meersalz ◆ grüner Pfeffer aus der Mühle

Die Kartoffeln und die Petersilienwurzeln waschen, schälen und in kleine Stücke schneiden. Die Butter in eine Kasserolle geben, die Lauchzwiebeln zufügen und andünsten. Die Gemüsestücke zugeben, die Gemüsebrühe zugießen und für 10 Minuten zugedeckt köcheln lassen. Mit Muskatnuss, Salz und saurer Sahne zu einer leichten Sauce mixen. Zum Schluss die Wildkräuter nach Wahl zugeben und warm halten. Die Lauchzwiebeln waschen, in feine Streifen schneiden und für die Dekoration beiseitelegen.

Für das Püree die Petersilienwurzeln waschen, schälen und in Scheiben schneiden. In kochendem Salzwasser für 15 Minuten garen, abschütten und mit Muskatnuss, Salz und Pfeffer kräftig würzen. Durch eine Kartoffelpresse drücken und die Butter unterheben. In Speiseringe streichen und warm stellen.

Die Jakobsmuscheln abwaschen und trocken tupfen. Das Butterschmalz in einer Pfanne erhitzen und die Jakobsmuscheln darin von jeder Seite für 1–2 Minuten anbraten. Außen knusprig und innen glasig, dann ist es perfekt. Die Jakobsmuscheln salzen, pfeffern und zum Servieren an die Petersilienwurzelringe legen, die Sauce üppig dazugeben und mit ein paar Lauchzwiebelstreifen dekorieren.

herb
pfeffrig
scharf

SCHWARZ-
WURZEL

MEER-RETTICH

Kohlrabi

Schwarzer
Rettich

GEWÜRZTE
Kohlrabisuppe mit
INGWERCHIPS

FÜR 4 PORTIONEN

Für die Suppe: **500 g WEISSE ODER BLAUE KOHLRABI** ◆ 2 cm frische Ingwerwurzel
4 Schalotten ◆ 250 g Staudenselleriestangen ◆ 2 EL Rapsöl ◆ 100 ml Natur-Apfelsaft
750 ml Gemüsebrühe ◆ 150 g Sahne ◆ 2 EL Mandelmus ◆ 1 Msp. Nelkenpulver
Meersalz ◆ weißer Pfeffer aus der Mühle
Für die Ingwerchips: 2 große, dicke Ingwerknollen ◆ 2 EL Speisestärke
500 ml Sesamöl zum Frittieren ◆ Meersalz

Kohlrabi, Ingwer und Schalotten schälen und in kleine Stücke schneiden. Die Staudenselleriestangen waschen, die Fäden abziehen, das frische Grün zusammen mit den
Stangen klein schneiden.

In einem hohen Topf das Öl erhitzen und das Gemüse darin bei mittlerer Hitze für
ca. 5 Minuten andünsten. Mit dem Apfelsaft und der Gemüsebrühe ablöschen. Die
Sahne mit dem Mandelmus und dem Nelkenpulver verrühren und in die Suppe geben.
Für ca. 30 Minuten köcheln lassen. Dann ganz fein pürieren und warm stellen.

Für die Ingwerchips die Ingwerknollen schälen und längs in dünne Scheiben hobeln.
Mit Küchenpapier abtupfen und mit der Stärke bestäuben. Das Öl in einer Pfanne
erhitzen und die Ingwerchips darin knusprig ausbacken. Abtropfen lassen und mit dem
Meersalz würzen.

Heimat

Zimt-Kabeljau
AUF KOHLRABI-
BIRNEN

FÜR 4 PORTIONEN

800 g Kabeljaufilets ◆ **2 DICKE KOHLRABI** ◆ 2 feste Birnen ◆ 1 EL Zitronensaft
250 g Sahne ◆ 2 EL Butterschmalz ◆ 1 TL Zimtpulver ◆ 1 EL Butter
250 ml Fischfond ◆ 1 Prise Zucker ◆ Meersalz ◆ weißer gemahlener Pfeffer

Die Kabeljaufilets waschen und trocken tupfen. Die Kohlrabi putzen, schälen und in Stifte schneiden. Die Birnen waschen, halbieren, entkernen und ebenfalls in Stifte schneiden. Mit dem Zitronensaft beträufeln. Die Sahne in einer Kasserolle erhitzen und die Kohlrabistifte darin bei schwacher Hitze für ca. 10 Minuten garen.

In einer Pfanne das Butterschmalz erhitzen, den Zimt zustreuen und alles kurz aufschäumen lassen. Die gewürzten Fischfilets darin für ca. 4 Minuten von einer Seite braten, die Butter zugeben und dann die Filets auf der anderen Seite nochmals für 4 Minuten braten. Warm beiseitestellen.

Die Kohlrabistifte mit der Sahne aus der Kasserolle zu der Zimtbutter aus der Pfanne geben. Den Fischfond hinzufügen. Einmal aufkochen lassen, dann die Temperatur zurückschalten. Die Birnen zufügen und kurz mitgaren lassen. Kräftig salzen, pfeffern und die Prise Zucker hinzufügen. Die Kohlrabistifte und die Birnen aus dem Fond nehmen und separat beiseitestellen.

Den Fond vorsichtig in einen Topf gießen und mit einem Pürierstab kurz aufschäumen. Zum Servieren die Kohlrabi-Birnenstifte platzieren, die Kabeljaufilets danebenlegen und den Sahne-Zimtschaum üppig darüberträufeln.

Kohlrabigemüse MIT BERBERITZEN

FÜR 4 PORTIONEN

250 g Berberitzen-Früchte ◆ 20 g Butter ◆ 1 EL Zucker ◆ **4 GROSSE KOHLRABI**
50 g Schalotten ◆ 1 Knoblauchzehe ◆ 1 EL Olivenöl ◆ 100 ml Orangensaft
100 ml Gemüsebrühe ◆ 3 EL Orangenmarmelade ◆ 1 Prise Cayennepfeffer
Salz ◆ frisch gemahlener Pfeffer

Die Berberitzen-Früchte waschen und trocknen lassen. In einem Topf 10 g Butter zum Schmelzen bringen und darin den Zucker karamellisieren lassen. Dann die Temperatur etwas zurückschalten, die Berberitzen zufügen und einige Minuten schmoren lassen. Beiseitestellen.

Den Kohlrabi schälen und in feine Stifte schneiden. Die Schalotten und den Knoblauch ebenfalls schälen und danach würfeln. Das Öl und die restliche Butter in einem Topf erhitzen. Darin zunächst die Schalotten- und die Knoblauchwürfel anschwitzen. Die Kohlrabistifte zufügen und leicht mit anbraten. Mit dem Orangensaft ablöschen. Die Gemüsebrühe zugeben und die Marmelade einrühren. Das Gemüse pfeffern und salzen.

Kurz vor dem Servieren die karamellisierten Berberitzen-Früchte unterheben – das gibt dem Ganzen einen besonderen geschmacklichen Reiz. Zu diesem Gericht schmeckt sehr gut ein orientalisches Hähnchencurry mit Reis.

SCHWEINERÜCKEN-STEAK

an Kohlrabigemüse

FÜR 4 PORTIONEN

4 Schweinerückensteaks (à 200 g) ◆ 3 EL Butterschmalz ◆ **5–6 KOHLRABI** ◆ 1 Lauch-stange ◆ 2 Schalotten ◆ 1 EL Mehl ◆ 1 TL Zuckerrübensirup ◆ 125 ml Fleischbrühe 200 ml naturtrüber Apfelsaft ◆ 1 gehacktes, frisches Lorbeerblatt ◆ 1 Msp. Zimt 1 Msp. frisch geriebene Muskatnuss ◆ ½ EL gerebelter Thymian ◆ Salz ◆ schwarzer Pfeffer aus der Mühle

Die Schweinerückensteaks kräftig würzen und in einer hohen, heißen Pfanne mit dem Butterschmalz von beiden Seiten kräftig anbraten. Herausnehmen und beiseitelegen.

Die Kohlrabi und den Lauch putzen und waschen. Die Schalotten schälen. Die Kohlrabi in dicke Stifte, den Lauch in Ringe und den Knoblauch in feine Scheiben schneiden. Alles in die Pfanne mit dem Butterschmalz der gebratenen Steaks geben und darin für ca. 5 Minuten rösten lassen.

Mit dem Mehl bestäuben. Den Zuckersirup zugeben und dann mit der Fleischbrühe und dem Apfelsaft ablöschen. Lorbeerblatt, Zimt, Muskatnuss und Thymian zufügen, alles gut durchrühren und das Fleisch wieder dazulegen. Einen Deckel auf die Pfanne legen und alles für ca. 45 Minuten bei kleiner Temperatur garen lassen. Vor dem Servieren eventuell nochmals nachwürzen.

Kohlrabigratin
MIT KALBS-
KOTELETT

FÜR 2 PORTIONEN

2 KOHLRABI MIT BLÄTTERN ◆ 4 Stängel glatte Petersilie (nach Bedarf) ◆ 50 g Sahne
50 ml Milch ◆ 1 Msp. frisch geriebene Muskatnuss ◆ 1 Msp. Anis ◆ 1 EL Semmelbrösel
50 g Butter ◆ 2 Kalbskoteletts ◆ Butter zum Einfetten ◆ Salz ◆ weißer Pfeffer aus der Mühle
Für die Gewürzbutter: 2 EL Butter ◆ 1 Knoblauchzehe ◆ 1 Zitronenscheibe
1 EL fein gehackte Kräuter nach Wahl

Eine Auflaufform gut einbuttern. Die Kohlrabi putzen, waschen, schälen und in dünne
Scheiben schneiden. In die Form legen, dabei immer wieder salzen und pfeffern. Die
Kohlrabiblätter putzen, waschen und klein zupfen. Falls nicht vorhanden, kann auch
Petersilie genommen werden. Den Backofen auf 220 °C vorheizen.

Die Sahne mit der Milch erhitzen und mit Muskatnuss und Anis abschmecken. Über die
aufgeschichteten Kohlrabischeiben gießen, sodass alles gerade bedeckt ist. Die Semmelbrösel darüberstreuen und die Butter in kleinen Flöckchen daraufsetzen. Das Kohlrabigratin für ca. 20 Minuten backen.

Für die Gewürzbutter die Butter in einer Pfanne schmelzen lassen. Die Knoblauchzehe
schälen und zusammen mit der Zitronenscheibe und den Kräutern zugeben. Alles für
ca. 4 Minuten ziehen lassen. Danach die Butter durch ein Sieb schütten und den übri-
gen Rest entfernen.

Die Kalbskoteletts säubern, trocknen und den Fettrand etwas einschneiden. In der
nicht zu heißen Pfanne die Kalbskoteletts in der Gewürzbutter von beiden Seiten goldgelb anbraten. Dann bei kleiner Hitze weiter ziehen lassen. So bleiben sie schön saftig.

Zum Servieren das Gratin aus dem Ofen nehmen und die Kalbskoteletts anlegen. Das
geschnittene Blattgrün darüberstreuen.

SCHARFE
Rettich-Garnelen-
PFANNE

FÜR 4 PORTIONEN

600 g SCHWARZER RETTICH ◆ 300 g küchenfertige TK-Garnelen ◆ 5 Lauchzwiebeln
1 rote Pfefferschote ◆ 4 EL Sesamöl ◆ 1 ½ EL Ahornsirup ◆ 4 EL Sojasauce
100 ml Gemüsebrühe ◆ 4 TL schwarzer Sesam

Den Rettich waschen, schälen und in dünne Scheiben schneiden. Die Garnelen auftauen lassen und vorsichtig trocknen. Die Lauchzwiebeln putzen und das Weiß und Grün separat in feine Ringe schneiden. Die Pfefferschote waschen, längs halbieren, entkernen und fein hacken.

In einem Wok oder einer hohen Pfanne das Öl erhitzen. Die Rettichscheiben, die Pfefferschote und die weißen Lauchringe darin kurz anbraten. Den Ahornsirup unterrühren und dann die Garnelen zugeben. Für 3–4 Minuten garen lassen. Mit der Sojasauce und der Gemüsebrühe ablöschen.

Vor dem Servieren die Sesamsaat und die grünen Lauchzwiebelringe darüberstreuen. Dazu schmeckt am besten Reis.

Schollenfilets auf
MARINIERTEM
SCHWARZEN RETTICH

FÜR 4 PORTIONEN

Für den marinierten schwarzen Rettich: **400 g SCHWARZER RETTICH** ◆ 60 ml Apfelessig ◆ 100 ml naturtrüber Apfelsaft ◆ 1 Prise Zucker ◆ abgeriebene Schale von ½ unbehandelten Zitrone ◆ 120 ml Mariendistelöl ◆ Salz ◆ weißer Pfeffer aus der Mühle
Für die Sauce: 200 g Babyblattspinat ◆ 3 Schalotten ◆ 2 EL Butter ◆ 200 ml Gemüsefond ◆ 2 EL Noilly Prat ◆ 100 g Sahne ◆ ½ TL frisch geriebene Muskatnuss ◆ Salz ◆ weißer Pfeffer aus der Mühle
Für die Schollenfilets: 1 Bund Schnittlauch ◆ 4 Schollenfilets ◆ 2 Eier ◆ 75 g Panko-Brösel ◆ 25 g geblätterte Mandeln ◆ 100 g Mehl ◆ 4 EL Butterschmalz ◆ Salz ◆ weißer Pfeffer aus der Mühle

Den schwarzen Rettich waschen, schälen und in feine Scheiben hobeln. Den Apfelessig mit dem Saft vermischen und mit Zucker, Salz und Pfeffer würzen. Die Zitronenschale dazugeben. Das Mariendistelöl zulaufen lassen und alles gut vermischen. Die Vinaigrette über die Rettichscheiben verteilen und diese für 2 Stunden marinieren lassen.

Für die Sauce den Blattspinat waschen und ganz kurz in kochendes Wasser geben. Sofort herausholen, kalt abschrecken, abtropfen lassen und grob hacken. Die Schalotten schälen und würfeln. In einer Pfanne mit der erhitzten Butter glasig anbraten. Mit dem Gemüsefond ablöschen. Noilly Prat und Sahne zugeben und sämig reduzieren lassen. Den Spinat zufügen und fein pürieren. Mit Muskatnuss, Salz und Pfeffer kräftig würzen.

Für die Schollenfilets den Schnittlauch putzen und in feine Röllchen schneiden. Die Schollenfilets waschen, trocken tupfen und der Länge nach halbieren. Die Filets mit Salz und Pfeffer würzen. Die Eier verquirlen. Die Panko-Brösel mit den Mandeln vermischen. Das Mehl auf einen Teller schütten. Die Filets zuerst im Mehl, dann im Ei und zum Schluss in der Panko-Mandel-Mischung panieren. In einer großen Pfanne das Butterschmalz erhitzen und die Schollenfiletstreifen erst von der einen Seite für ca. 2 Minuten, dann von der anderen Seite goldgelb anbraten. Auf Küchenpapier abtropfen lassen.

Zum Servieren zuerst die Sauce auf vorgewärmte Teller mit dem abgetropften Rettichsalat anrichten. Die knusprigen Schollenfiletstücke dazu drapieren. Alles großzügig mit Schnittlauch bestreuen. Kleine Pellkartoffeln oder schlichte Salzkartoffeln passen sich perfekt an.

EXOTISCH GEWÜRZTER
schwarzer Rettich

FÜR 4 PORTIONEN

4 KLEINE, FESTE SCHWARZE RETTICHE ◆ 2 EL Erdnussöl ◆ 1 TL Kurkuma ◆ 1 TL Schwarzkümmel ◆ Saft von 1 Orange ◆ ½ TL rote Chilifäden ◆ 1 Pck. Rote-Bete-Kresse ◆ Salz ◆ schwarzer Pfeffer aus der Mühle

Die schwarzen Rettiche ganz gründlich waschen und abbürsten. Die Schale ist nur essbar, wenn sie ganz frisch und sauber ist. Sie gibt die Schärfe hervorragend weiter. Ansonsten muss der Rettich geschält werden. Die Rettiche in dünne Scheiben schneiden.

In einer großen Pfanne das Erdnussöl erhitzen. Die Rettichscheiben darin anbraten, sodass sie nur wenig angebräunt sind. Mit Kurkuma und Schwarzkümmel würzen. Salzen und pfeffern und dann mit dem frisch gepressten Orangensaft löschen. Die Chilifäden unterziehen und das Ganze bei kleiner Temperatur für ca. 15 Minuten ziehen lassen. Dabei alles einmal gründlich umrühren. Wenn es nötig ist, etwas Wasser zugeben, damit nichts anbrennt. Für 30 Minuten ziehen lassen.

Vor dem Servieren die Rote-Bete-Kresse schneiden und über die fertigen Winterrettiche verstreuen. Dazu passt am besten ein knackiges Baguette mit trockenem italienischen oder spanischen Schinken.

Rettichsalat
MIT PESTO-
CALAMARES

FÜR 4 PORTIONEN

Für den Rettichsalat: **600 g SCHWARZER RETTICH** ◆ 1 rote Pfefferschote ◆ 2 cm frische Ingwerwurzel ◆ 1 Msp. Meersalz ◆ 2 EL Puderzucker ◆ 3 EL Reisessig ◆ 6 EL Leindotteröl
Für das Pesto: 1 Bund Koriander ◆ 4 Basilikumstängel ◆ 1 Knoblauchzehe
30 g Cashewkerne ◆ 1 EL Wasabipaste ◆ 1 EL Leindotteröl
Für die Calamares: 12 frische Calamares (ca. 60 g) ◆ 2 EL Erdnussöl ◆ 1 Bund Rucola

Den schwarzen Rettich waschen, schälen und in lange, feine Streifen schneiden. Die Pfefferschote längsseitig halbieren, entkernen und ebenfalls in feine Streifen schneiden. Den Ingwer schälen, sehr fein würfeln und mit Meersalz, Puderzucker, Reisessig und Leindotteröl vermischen.

Für das Pesto den Koriander und die Basilikumstängel waschen, trocknen und die Blätter abzupfen. Den Knoblauch schälen und grob hacken. Die Cashewkerne grob hacken und zusammen mit Koriander, Basilikum, Knoblauch und Wasabipaste pürieren. Dabei nach und nach das Öl zugeben.

Die Calamares säubern und das Chitin, die Köpfe und die violette Haut entfernen. Innen gut auswaschen und trocknen. In einer großen Pfanne das Erdnussöl erhitzen und die Calamares hineinlegen und in ca. 4 Minuten goldbraun anbraten. Danach wenden und für 1 weitere Minute braten lassen. Die Pfanne beiseitestellen, das Pesto über die Calamares geben und alles kräftig durchschwenken.

Zum Servieren die Vinaigrette über die feinen Rettichstreifen verteilen und die Pfefferschotenstreifen als rote Tupfer darüberlegen. Die Calamares daneben platzieren und mit Rucola garnieren. Dazu schmeckt am besten ein Baguettebrot.

SAIBLINGS-
TATAR AUF
marinierten Rettichtalern

FÜR 4 PORTIONEN

Für die Rettichtaler: **400 g GROSSER SCHWARZER RETTICH** ◆ 4 Korianderstängel ◆ 2 Minze-stängel ◆ 5 EL weißer Balsamicoessig ◆ 3 TL Rohrzucker ◆ 2 ½ EL Traubenkernöl ◆ Salz
Für das Saiblingstatar: 2 TL Szechuanpfeffer ◆ 4 Saiblingsfilets ohne Haut (à 100 g)
2 Lauchzwiebeln ◆ 1 Knoblauchzehe ◆ 2 cm frische Ingwerwurzel ◆ 4 Stängel glatte Petersilie ◆ 3 EL Traubenkernöl ◆ 2 EL Noilly Prat ◆ 3 EL Sojasauce ◆ 2 EL schwarze Sesamsaat ◆ 3 EL Limettensaft ◆ Salz

Für die Taler die schwarzen Rettiche waschen, schälen und in dünne Scheiben schneiden. Den Koriander und die Minze waschen und trocknen, Jeweils einen Stängel beiseitelegen und die restlichen Blätter zupfen. Balsamicoessig, Rohrzucker, Traubenkernöl und Salz zu einer homogenen Vinaigrette verrühren. Diese zusammen mit den Koriander- und Minzeblättchen über die Rettichscheiben verteilen und für 30 Minuten ziehen lassen.

Für das Saiblingstatar den Szechuanpfeffer in einer fettfreien Pfanne anrösten und danach mörsern. Die Saiblingsfilets fein würfeln. Die Lauchzwiebeln putzen und nur das Helle fein schneiden. Den Knoblauch und den Ingwer schälen und fein reiben.

Die Petersilie waschen, die Stiele abtrennen und den Rest grob hacken. Das Saiblingstatar mit Traubenkernöl, Noilly Prat, Sojasauce, geröstetem Szechuanpfeffer, Ingwer, Knoblauch, Petersilie, Lauchzwiebeln und 1 EL Sesamsaat gründlich vermischen. Zum Schluss den Limettensaft vorsichtig zugeben. Dabei darauf achten, dass das Tatar nicht zu wässrig wird, lieber sparsam mit Limettensaft sein. Wenn nötig, mit Salz würzen.

Die Rettichscheiben gut abtropfen lassen und aufgeschichtet auf die Teller verteilen. Mithilfe von einem Speisering das Saiblingstatar obenauf setzen. Die restliche Sesamsaat darüberstreuen und mit Koriander und Minze dekorieren.

BUNTER
RETTICHSALAT
mit Kürbiskernsauce

FÜR 4 PORTIONEN

Für den Rettichsalat: **400 g SCHWARZER RETTICH** ◆ 2 rote Äpfel ◆ 2 EL Zitronensaft
1 süße rote Paprika
Für die Kürbiskernsauce: 50 g Kürbiskerne ◆ 1 EL Leindotteröl
2 EL Zitronensaft ◆ 1 Prise Zucker ◆ 100 g Sahne ◆ 2 Handvoll Feldsalat
Brunnenkresse ◆ einige Kürbiskerne ◆ Salz ◆ weißer Pfeffer nach Geschmack

Den schwarzen Rettich schälen, halbieren und fein hobeln. Die Äpfel waschen, mit der Schale vierteln und in feine Scheiben schneiden. Beides zusammen auf einen Teller legen. Den Zitronensaft mit 2 EL Wasser vermischen und über den Rettich und die Äpfel träufeln. Die Paprika waschen, halbieren, entkernen und in Streifen schneiden.

Für die Sauce die Kürbiskerne mit Öl, Zitronensaft und 3 EL Wasser in einem Mixer gut pürieren. Mit Salz, Pfeffer und Zucker würzen. Die Sahne nach und nach zuschütten, bis eine homogene Konsistenz erreicht ist. Möglicherweise noch etwas Wasser zugeben, falls die Sauce zu dick sein sollte.

Zum Servieren den Rettich, den Feldsalat, die Äpfel und die Paprikastreifen farblich anrichten und zum Schluss mit der Kürbiskernsauce nappieren. Mit Brunnenkresse und Kürbiskernen dekorieren. Dazu schmeckt ein kräftiges Bauernbrot mit geräuchertem Fisch.

Schwarzwurzel- BLÄTTERTEIG- TARTE

FÜR 4 PORTIONEN

800 g SCHWARZWURZELN ♦ 2 EL Zitronensaft ♦ 60 g Butter ♦ 4 EL Walnussöl
2 EL Puderzucker ♦ 4 Thymianstängel ♦ 200 g gekörnter Frischkäse ♦ 150 g Crème
fraîche ♦ 2 Eier ♦ 1 Msp. frisch geriebene Muskatnuss ♦ 350 g Blätterteig
(aus dem Kühlregal) ♦ 2 EL Butterflocken ♦ 20 g Walnusskerne ♦ 30 g getrocknete
Cranberries ♦ Salz ♦ schwarzer Pfeffer aus der Mühle

Die Schwarzwurzelstangen mit Handschuhen schälen und in ca. 10 cm lange Stücke schneiden. 1 l Wasser mit dem Zitronensaft vermischen und die Schwarzwurzelstücke hineinlegen. In einer großen Pfanne die Hälfte der Butter zusammen mit dem Walnussöl erhitzen. Die Schwarzwurzeln darin andünsten. Dann mit 400 ml Wasser aufgießen und für 15 Minuten köcheln lassen, bis das Wasser verdunstet ist. Die restliche Butter zugeben und die Schwarzwurzel mit dem Puderzucker bestreuen und goldbraun braten.

Den Thymian waschen, trocknen, die Blättchen abzupfen und grob hacken. Den Frischkäse mit der Crème fraîche vermischen. Die Eier unterrühren, die Hälfte des Thymians unterheben und alles mit Salz, Pfeffer und Muskatnuss würzen.

Den Blätterteig auf einer bemehlten Arbeitsfläche ausrollen und auf ein mit Backpapier ausgelegtes Blech zu einem Rechteck legen. Die Kanten als Ränder ca. 2 cm hochziehen.

Den Backofen auf 210 °C vorheizen. Die Frischkäse-Ei-Mischung gleichmäßig auf das Teigrechteck geben. Dann die karamellisierten Schwarzwurzeln gleichmäßig darüberlegen. Die Butterflocken auf dem Teig verteilen und im Ofen für ca. 30 Minuten backen lassen. Die Walnusskerne hacken. Nach der Hälfte der Backzeit die Walnusskerne, die Cranberries und die restlichen Thymianblättchen auf der Tarte verteilen. Mit Alufolie abdecken und fertig braten.

GRATINIERTE

Schwarzwurzeln

FÜR 4 PORTIONEN

800 g SCHWARZWURZELN ◆ 3 EL Zitronensaft ◆ 200 ml Gemüsebrühe ◆ Saft von ½ Zitrone ◆ 1 EL körniger Dijonsenf ◆ 100 ml feinherber Weißwein ◆ 100 g kalte Butter ◆ ½ TL frisch geriebene Muskatnuss ◆ 150 g gewürfelter Rohschinken 1 EL weiße Mandelblättchen ◆ 1 EL Puderzucker ◆ Salz ◆ weißer Pfeffer

Die Schwarzwurzeln mit Handschuhen waschen und schälen. Halbieren und sofort in 1 l Wasser mit dem Zitronensaft legen. Danach in kochendem Salzwasser für ca. 15 Minuten garen und abgießen. Den Backofen auf 200 °C vorheizen. Die Schwarzwurzeln in eine Gratinform legen.

Die Gemüsebrühe erhitzen, den Zitronensaft zugeben, den Dijonsenf darin verrühren und mit Weißwein ablöschen. Die kalte Butter einrühren und vom Herd nehmen. Salzen, pfeffern und mit der Muskatnuss würzen. Die Sauce über die Schwarzwurzeln verteilen und dann die Rohschinkenwürfel darüberstreuen. Im Backofen für 20 Minuten überbacken lassen. Falls nötig, mit Alufolie abdecken, damit es nicht zu braun wird.

In einer Pfanne die Mandelblättchen ohne Fett leicht anrösten lassen und dann mit dem Puderzucker überstreuen. Herausnehmen und zum Servieren über die gratinierten Schwarzwurzeln verteilen. Dazu schmecken am besten Salzkartoffeln.

Schwarzwurzeln
MIT
ZANDERFILET

FÜR 4 PORTIONEN

8 SCHWARZWURZELSTANGEN ◆ 200 ml Milch ◆ 1 EL Butter ◆ ½ TL Puderzucker
1 Spritzer Weißwein ◆ 150 g Sahne ◆ 1 Msp. frisch geriebene Muskatnuss
1 Msp. Chili ◆ ½ Bund Koriander ◆ 1 Stängel Zitronenthymian ◆ 1 Knoblauchzehe
4 Zanderfilets mit Haut (à 150 g) ◆ 1 EL Rapsöl ◆ 50 g Butter ◆ Salz
weißer Pfeffer aus der Mühle

Die Schwarzwurzeln mit Handschuhen schälen und in ca. 2 cm dicke Stücke schneiden.
Milch und 200 ml Wasser in eine Schüssel geben und die Schwarzwurzelstücke
dazugeben. In einem hohen Topf reichlich Salzwasser zum Kochen bringen und die
Schwarzwurzeln darin bissfest kochen. Herausnehmen und kalt abschrecken.

In einer kleineren Kasserolle die Butter aufschäumen lassen, die Schwarzwurzeln
dazugeben, leicht anschwitzen lassen und mit Puderzucker bestäuben. Kurz karamellisieren lassen und mit Weißwein und 1 EL Wasser ablöschen. Die Sahne zufügen
und etwas einkochen lassen, sodass eine leichte Bindung entsteht. Mit Muskatnuss,
Salz, Pfeffer und Chili würzen. Warm halten.

Den Koriander und den Thymian waschen, trocknen und die Blättchen abzupfen. Den
Knoblauch schälen und in Scheiben schneiden. Die Zanderfilets waschen, trocknen
und salzen. Das Filet in einer Pfanne mit Rapsöl auf der Hautseite langsam anbraten, bis
die Haut kross wird. Die Hitze etwas reduzieren, die Filets wenden und jetzt die Butter,
die geputzten Thymianblättchen und die Knoblauchscheiben zugeben. Die Fischfilets
mit der gebräunten Butter übergießen, bis sie schön glasig gar sind.

Die Korianderblätter unter die Schwarzwurzeln heben. Die Schwarzwurzeln auf
vorgewärmte Teller legen und die Zanderfilets daran platzieren. Frisches Baguettebrot
oder einfache Salzkartoffeln schmecken besonders gut dazu.

REHRÜCKEN AUF
Sahne-Schwarzwurzeln

FÜR 4 PORTIONEN

4 SCHWARZWURZELN ◆ 250 g Sahne ◆ 700 g parierter Rehrücken
1–2 TL gemahlener Sternanis ◆ 2 EL Rapsöl ◆ Butter zum Einfetten ◆ Salz
weißer Pfeffer aus der Mühle

Den Backofen auf 175 °C vorheizen. Die Schwarzwurzeln mit Handschuhen waschen, schälen und längs in ca. 2 cm dicke und lange Stücke schneiden. In eine gebutterte Auflaufform legen, salzen, pfeffern und mit der Sahne übergießen. Im vorgeheizten Ofen für 20–25 Minuten garen lassen.

Den parierten Rehrücken von allen Seiten salzen und pfeffern. Mit dem Sternanis gut einreiben. In einer großen Pfanne das Öl erhitzen und den Rehrücken von allen Seiten goldbraun anbraten. Herausnehmen, das Bratfett aufheben, heiß aufbewaren. Auf das Fettblech für die letzten 5 Minuten der Backzeit der Schwarzwurzeln in den Ofen stellen. So ist sichergestellt, dass der Rehrücken noch zartrosa bleibt.

Zum Servieren die Schwarzwurzelplatten anrichten, den Rehrücken schräg anschneiden, da/rauflegen und das heiße Bratfett dazuträufeln.

SCHWARZWURZEL-
Petersilienpüree
MIT KALBSLEBER

FÜR 4 PORTIONEN

Für das Schwarzwurzel-Petersilienpüree: **1,5 kg SCHWARZWURZELN** ◆ 500 ml Milch
200 g Butaris-Butterschmalz ◆ 1 Bund glatte Petersilie ◆ 2 Sternanis ◆ Salz ◆ weißer
Pfeffer aus der Mühle
Für die Kalbsleber: 4 süße weiße Zwiebeln ◆ 3 kleine rote Äpfel ◆ 150 g Butter
4 Scheiben Kalbsleber (à 150 g) ◆ 2 EL Mehl ◆ 2–3 EL Rapsöl ◆ Salz ◆ weißer Pfeffer

Die Schwarzwurzeln mit Handschuhen gründlich reinigen, waschen, schälen und in kleine Stücke schneiden. Sofort in einen Topf mit der Milch legen, damit sie sich nicht verfärben. Zum Kochen bringen, etwas salzen und für ca. 10 Minuten köcheln lassen. Dabei gerinnt die Milch, die danach weggeschüttet wird.

Die Schwarzwurzeln aus der Milch nehmen, mit Wasser abspülen, in einen neuen Topf geben. Das Butterschmalz erhitzen, zu den Schwarzwurzeln geben und alles aufkochen lassen. Die Petersilie waschen, trocknen und fein hacken. Zu den Schwarzwurzeln geben, nochmals aufkochen und dann glatt pürieren. Den Sternanis fein mörsern und unterrühren. Mit Salz und Pfeffer würzen.

Für die Kalbsleber die Zwiebeln schälen und in Scheiben schneiden. Die Äpfel waschen, halbieren, entkernen und ebenfalls in Scheiben schneiden. In einer Pfanne 30 g Butter leicht erhitzen. Zuerst die Apfelscheiben bei niedriger Temperatur von beiden Seiten leicht anbraten, auf eine Platte legen und mit weiteren 50 g Butter die Zwiebelringe kross braten. Zu den Apfelscheiben legen und warm halten.

Die Kalbsleberscheiben waschen und melieren. In der Pfanne im Rapsöl von beiden Seiten nicht zu scharf anbraten lassen. Die restliche Butter leicht erhitzen, zuschütten und die Leber darin wenden. Würzen, vorsichtig die Zwiebelringe auf die Leber legen, sodass der Geschmack gut in die Leber einzieht.

Zum Servieren das grün-weiße Schwarzwurzelpüree auf den Teller geben. Die Leber dazulegen, mit Zwiebel- und Apfelstücken dekorieren und genießen.

Schwarzwurzelsuppe MIT KORIANDERPESTO

FÜR 4 PORTIONEN

Für die Schwarzwurzelsuppe: **500 g SCHWARZWURZELN** ◆ Saft von 1 Zitrone
◆ 1 Lauchstange ◆ 300 g mehligkochende Kartoffeln ◆ ½ EL Butter ◆ 200 g Sahne
◆ 700 ml Gemüsebrühe ◆ abgeriebene Schale von 1 unbehandelten Zitrone
◆ 1 TL geriebener Meerrettich (aus dem Glas)
Für das Korianderpesto: 3 Korianderstängel ◆ 1 Minzestängel ◆ ½ Bund glatte Petersilie
◆ 100 ml Leindotteröl ◆ 80 g geschälte, gemahlene Mandeln ◆ 2 EL Butterschmalz
◆ Salz ◆ weißer Pfeffer

Die Schwarzwurzeln mit Handschuhen schälen und in kleine Stücke schneiden. Den Zitronensaft mit 1 l Wasser mischen und die Schwarzwurzelstücke dazugeben. Den Lauch halbieren, putzen und waschen. Den weißen Teil klein schneiden und die grünen Stücke beiseitelegen. Die Kartoffeln waschen, schälen und würfeln.

Die Butter in einem Topf schmelzen lassen und die Kartoffelwürfel, die Schwarzwurzelstücke und die weißen Lauchstücke dazugeben und andünsten lassen. Sahne und Gemüsebrühe zugießen und für ca. 15 Minuten köcheln lassen. Salzen und pfeffern. Die Zitronenschale und den Meerrettich zufügen.

Die grünen Lauchstücke in feine Streifen schneiden und im heißen Butterschmalz knusprig braten. Auf Küchenpapier abtropfen lassen.

Für das Pesto Koriander, Minze und Petersilie waschen, trocknen und die Blätter abzupfen. Zusammen mit dem Öl und den Mandeln fein pürieren, etwas salzen und pfeffern. Das Pesto in einer kleinen Schale beiseitestellen.

Die Suppe glatt pürieren und mit dem grünen Pesto und dem Lauchstroh dekorieren. Dazu passt am besten Baguettebrot.

FORELLE IM
MEERRETTICH-
blättermantel

FÜR 4 PORTIONEN

Für die Forelle: 8 große Romana-Salatblätter ◆ **4 MEERRETTICHBLÄTTER** ◆ 3 mittelgroße Zwiebeln ◆ 1 ganze Forelle (ca. 1,2 kg), ausgenommen und entschuppt ◆ 175 ml Fischfond ◆ 175 ml Weißwein ◆ 2 EL schwarze Pfefferkörner ◆ 2 Lorbeerblätter ◆ 50 g Butter
Für die Mandel-Meerrettich-Sauce: 40 g Butter ◆ 40 g Mehl ◆ 250 ml Milch ◆ 125 g Sahne ◆ 80 g gemahlene Mandeln ◆ 1 Prise Zucker ◆ 1 Prise frisch geriebene Muskatnuss ◆ 80 g Meerrettich ◆ Salz

Den Backofen auf 180 °C vorheizen. Die Salat- und Meerrettichblätter kurz in eine große Schüssel mit kochendem Wasser legen, danach mit kaltem Wasser abschrecken und abtropfen lassen. Die Zwiebeln schälen und vierteln. Die Flossen der Forelle abschneiden. Die Forelle mit den Vierteln von zwei Zwiebeln füllen, in die blanchierten Salat- und Meerrettichblätter wickeln und in eine hohe Auflaufform legen.

Fischfond und Weißwein verrühren und vorsichtig über die Forelle gießen. Die übrige geviertelte Zwiebel, die Pfefferkörner und die Lorbeerblätter dazulegen. Die Butter in Flöckchen auf die Forelle setzen. Das Ganze mit Alufolie abdecken und im Ofen auf der mittleren Schiene ca. 30 Minuten backen.

Mit einer Gabel den Fisch vorsichtig an der dicksten Stelle leicht anheben, um festzustellen, ob er gar ist – er sollte sich vom Boden der Form lösen und sich leicht anfühlen. Die Forelle zum Servieren aus der Form nehmen.

Für die Sauce die Butter in einer Kasserolle bei mittlerer Temperatur zerlassen. Das Mehl einrühren, dann unter ständigem Rühren nach und nach die Milch und die Sahne zugießen. Alles miteinander unter Rühren zu einer glatten, sämigen Sauce kochen.

Die Mandeln unterrühren und alles mit Zucker, Muskatnuss und Salz würzen. Zum Schluss den Meerrettich reiben und unterheben. Salzkartoffeln mit Mandel-Meerrettich-Sauce ergeben bereits eine kleine Mahlzeit.

APFEL-
MEERRETTICH-
Gemüsepfanne
FÜR 4 PORTIONEN

1 MEERRETTICHWURZEL ◆ 2 mittelgroße süße Äpfel ◆ Saft von ½ Zitrone ◆ 2 Karotten
1 mittelgroßer Hokkaido-Kürbis ◆ 3 Schalotten ◆ 70 g Zucker, zzgl. etwas zum Abschmecken
3 EL Apfelessig ◆ 75 g Butter ◆ 200 g Crème fraîche ◆ 1 TL gemahlene Kurkuma ◆ Salz
frisch gemahlener weißer Pfeffer

Die Meerrettichwurzel schälen und fein in eine Schüssel reiben. Die Äpfel schälen,
vierteln, die Kerngehäuse entfernen und zum Meerrettich reiben. Meerrettich und Äpfel
gut vermischen und mit Zitronensaft beträufeln.

Die Karotten schälen und in schmale Streifen schneiden, den Hokkaido-Kürbis mit der
Schale ebenfalls in Streifen schneiden. Die Schalotten schälen und in Scheiben schneiden.

In einer großen Pfanne bei mittlerer Temperatur den Zucker karamellisieren lassen und
mit dem Apfelessig ablöschen. Die Schalotten in der Pfanne andünsten, dann die
Butter zugeben und zerlassen. Die Möhren- und Kürbisstreifen zugeben und ca. 10 Minuten mit den Schalotten dünsten.

Crème fraîche und Kurkuma miteinander verrühren und unter die Gemüsemischung
heben. Die Meerrettich-Apfel-Mischung ebenfalls unterheben. Zum Schluss mit
Zucker, Salz und Pfeffer würzen. Zu Kartoffeln wird aus der Gemüsepfanne ein vegeta-
risches Gericht, als Beilage passt sie zu Fisch und Fleisch.

Meerrettich-
KARTOFFEL-
PUFFER

FÜR 4 PORTIONEN

1 MEERRETTICHWURZEL ◆ 500 g festkochende Kartoffeln ◆ 2 Eier ◆ 2 EL Mehl
1 Prise frisch geriebene Muskatnuss ◆ 50 ml Rapsöl zum Ausbacken ◆ Salz ◆ frisch
gemahlener schwarzer Pfeffer

Die Meerrettichwurzel schälen und nicht zu fein in eine Schüssel reiben. Die Kartoffeln ebenfalls schälen und grob zum Meerrettich reiben. Eier und Mehl zufügen. Alles zu einem Teig vermischen und kräftig mit Muskatnuss, Salz und Pfeffer würzen.

In einer Pfanne etwas Rapsöl bei mittlerer Temperatur erhitzen und 2 EL vom Teig in die Pfanne geben, leicht andrücken und den Puffer von beiden Seiten kross anbraten. So verfahren, bis der Teig aufgebraucht ist. Die fertigen Puffer warm stellen.

Diese leicht scharfen Puffer schmecken gut zu fruchtigem Gemüse, Fleisch oder einfach zu einem frischen Salat.

LAMMKOTELETTS
mit Meerrettichpesto–
KRUSTE

FÜR 4 PORTIONEN

Für das Meerrettichblätterpesto (2 mittelgroße Gläser): 15 mittelgroße Meerrettichblätter
1 STÜCK MEERRETTICHWURZEL (3 CM) ◆ 100 ml kaltgepresstes geschmacksneutrales Öl, zzgl.
etwas zum Bedecken des Pestos ◆ 100 g gemahlene Mandeln ◆ 150 g Parmesan am Stück
Für die Meerrettichpesto-Kruste: 2 rote Zwiebeln ◆ 2 Knoblauchzehen ◆ ½ Bund Koriander
3 EL MEERRETTICHBLÄTTERPESTO ◆ 100 g Butterschmalz ◆ 1 EL Dijonsenf ◆ 100 ml
Rotwein ◆ 2 EL Semmelbrösel ◆ 1 Prise Zucker ◆ Salz ◆ schwarzer Pfeffer aus der Mühle
Für das Lammkotelett: 8 Lammkoteletts ◆ Salz ◆ schwarzer Pfeffer aus der Mühle

Für das Meerrettichblätterpesto die Meerrettichblätter waschen und portionsweise auf einem
feuchten Brett oder in einer Küchenmaschine sehr fein hacken, um die Blattfasern gut zu zerklei-
nern. Die Meerrettichwurzel schälen und fein pürieren. Mit den Blättern in eine Schüssel oder
eine Küchenmaschine füllen und das Öl unter Rühren nach und nach zugeben. Es sollte eine
geschmeidige Paste entstehen. Die Mandeln zufügen und den Parmesan in die Mischung reiben.
Das Pesto in saubere Schraubdeckelgläser füllen und mit Öl bedecken – so hält es sich kühl gelagert für mehrere Monate.

Die Zwiebeln und den Knoblauch schälen und in Ringe schneiden, die Zwiebelringe etwas dicker
lassen. Den Koriander putzen, waschen und hacken. 50 g Butterschmalz in einer Pfanne erhitzen
und die Zwiebeln darin bei kleiner Flamme andünsten. Knoblauch, Senf, Koriander und Meerrettichblätterpesto zugeben und kurz mitdünsten lassen. Mit dem Wein ablöschen und alles einmal
aufkochen lassen, sodass sich die Flüssigkeit etwas reduziert.

Die Pfanne vom Herd nehmen und die heiße Masse zusammen mit den Semmelbröseln und dem
Zucker in einer Schale verrühren. Wenn nötig, noch salzen und pfeffern. Den Backofengrill
auf der höchsten Stufe vorheizen. In der Zwischenzeit die Pfanne auswischen und das restliche
Butterschmalz darin erhitzen.

Die Lammkoteletts abwaschen und gut trocken tupfen. Von beiden Seiten gut würzen und dann
in dem heißen Butterschmalz von jeder Seite 3–4 Minuten braten. Auf eine feuerfeste Platte legen
und das Meerrettichpesto auf den Lammkoteletts verteilen. In dem vorgeheizten Grill auf mittlerer
Schiene für ca. 4 Minuten goldbraun überbacken lassen. Dazu passen knusprige Bratkartoffeln
und ein knackiger Salat.

REGISTER

A

Ahornsirup —— 69 91 114
Allgäuer Emmentaler —— 53
Anis —— 38 72 78 114
Apfel —— 47 99 100 124 132
    Apfel-Meerrettich-Gemüsepfanne —— 136
Apfelsaft —— 79
Apfelsaft, Natur- —— 108 115 119

B

Babyblattspinat —— 119
Backerbsen —— 53
Backpulver —— 43
Balsamico-Creme, dunkle —— 91
Bauchspeck, geräuchert —— 42
Beefsteakfleisch
    Aromatisierte Rote Bete mit Beefsteakstreifen —— 41
Beifuss —— 70
Berberitzen-Früchte
    Kohlrabigemüse mit Berberitzen —— 114
Bete, gelbe —— 38
Bete, rote
    Aromatisierte Rote Bete mit Beefsteakstreifen —— 41
    Borschtsch, die Slawische Rote-Bete-Verführung —— 42
    Lorbeerkartoffeln im Rote-Bete-Farbenspiel —— 38
    Rote-Bete-Knusperchips mit Dip —— 47
    Rote-Bete-Kuchen im Glas —— 43
    Rote-Bete-Risotto mit Steinbutt —— 44
Bete, rot-weiße —— 38
Birne
    Zimt-Kabeljau auf Kohlrabi-Birnen —— 113
Blätterteig
    Schwarzwurzel-Blätterteig-Tarte —— 127
Bleichsellerie —— 52
Blütenhonig —— 41
Bohnenkraut —— 70
Bresaola-Schinken —— 101
Brunnenkresse —— 124
Brunnenkresse, grüne —— 41
Brunnenkresse, Rote-Bete- —— 41
Buchweizenmehl —— 72
Butter —— 38 43 52 54 61 62 69 80 83 84
    89 96 107 113 114 116 119 127–130 132
    133 135 136
    Gebutterte Petersilienwurzeln mit
    Entenbrust an Orangensauce —— 100
Butterschmalz —— 41 47 48 57 92 107 113 115
    119 132 133 138

C

Calamares
    Winterrettichsalat mit Pesto-Calamares —— 122
Cashewkerne —— 122
Cayennepfeffer —— 87 114

C

Chili, rote —— 65
Chilifäden —— 121
Chilipulver —— 85 129
Cornichons —— 54
Couscous
    Überbackene Selleriescheiben mit Gewürz-Couscous —— 95
Cranberries, getrocknete —— 72 127
Crème double —— 102
Crème fraîche —— 47 54 101 123 132
Currypulver —— 52
    Pastinaken-Curry —— 86

D

Dijonsenf —— 62 92 128 138
Dill —— 42 43 53 72 78 89 119 127 137

E

Ei —— 90
Emmentaler —— 53 95
Endiviensalat —— 99
Entenbrust
    Gebutterte Petersilienwurzeln mit Entenbrust
    an Orangensauce —— 100
Entenkeule
    Steckrüben-Röstis mit Entenconfit —— 72
Entenschmalz —— 72
Erdnusskerne —— 95

F

Feldsalat —— 124
Fenchelknolle —— 44 51
Fenchelsaat —— 44
Fenchelsamen —— 38 42
Fettuccine
    Karotten-Vielerlei auf Fettuccine —— 48
Fischfond —— 44 113 135
Fleischbrühe —— 42 115
Forelle
    Forelle im Meerrettichblättermantel —— 135
Frischkäse, gekörnter —— 127
Frischkäse, Meerrettich- —— 99
Frühlingszwiebel —— 66

G

Gänsekeule
    Steckrübeneintopf mit zweierlei Fleisch —— 70
Garnelen
    Scharfe Rettich-Garnelen-Pfanne —— 118
Geflügelbrühe —— 96
Gelbe Bete
    Lorbeerkartoffeln im Rote-Bete-Farbenspiel —— 38
Gemüsebrühe —— 44 52 61 65 70 71 80 87
    95 103 107 108 114 118 128 133
Gemüsefond —— 41 77 119
Gemüsezwiebel —— 61 65 81 94
Ghee —— 57
Granatapfelkerne —— 66
Graved Lachs
    Bunter Karottenstampf mit gebeiztem
    Lachs & Kräuter-Dip —— 54

H

Hähnchenbrust
   Speiserübensuppe mit gerösteten Geflügelstreifen —— 65
Harissa —— 95
Haselnüsse, gehackte
   Karotten-Ingwer-Nuss-Suppe —— 52
Herbstrübe
   Carpaccio von frischer Rübe —— 58
Hokkaido-Kürbis —— 136
Honig —— 41   88

I

Ingwer —— 71   87   100   122   123
   Gewürzte Kohlrabisuppe mit Ingwerchips —— 110
   Karotten-Ingwer-Nuss-Suppe —— 52

J

Jakobsmuscheln
   Feine Gemüsesauce an Jakobsmuscheln
   auf Petersilienpüree —— 109
Joghurt, Vollmilch- —— 57   97

K

Kabeljaufilet
   Zimt-Kabeljau auf Kohlrabi-Birnen —— 113
Kalbskotelett
   Kohlrabigratin mit Kalbskotelett —— 116
Kalbsleber
   Schwarzwurzel-Petersilienpüree mit Kalbsleber —— 132
Kardamom, gemahlener —— 87
Kardamomkapsel —— 52
Kardamomsamen —— 57
Karotte —— 42   71   103   136
   Allgäuer Karotten-Kuchen —— 53
   Bunte Ofenkarotten im Gemüsebett —— 51
   Bunter Karottenstampf mit gebeiztem
   Lachs & Kräuter-Dip —— 54
   Karotten-Halwa – ein indisches Karotten-Dessert —— 57
   Karotten-Ingwer-Nuss-Suppe —— 52
   Karotten-Vielerlei auf Fettuccine —— 48
   Vegetarischer Speiserüben-Karottenauflauf —— 61
Karotte, gelbe —— 48   51   54
Karotte, orangefarbene —— 48   51   54   61
Karotte, violette —— 48   51
Kartoffel —— 42
   Lammrückenfilet auf Stielrübenblättern und gewürfelten
   Speiserüben-Kartoffeln —— 62
   Lorbeerkartoffeln im Rote-Bete-Farbenspiel —— 38
   Meerrettich-Kartoffel-Puffer —— 137
   Skrei im Zuckerrüben-Kartoffel-Gemüse —— 75
Kartoffeln, festkochend —— 51   54   70   71   77   87   135
Kartoffeln, mehligkochend —— 62   83   107   133
Kassler, gepökelt
   Steckrübeneintopf mit zweierlei Fleisch —— 70
Kastanien, geschält —— 71
Kichererbsen —— 87
   Zuckerrüben, Kichererbsen
   und Seeteufelbäckchen —— 80
Kirschtomaten —— 91

Knoblauch —— 42   51   53   58   65   72   77   80
   114   115   116   122   123   129   138
Knollensellerie —— 42   92   95   96
Kohlrabi
   Gewürzte Kohlrabisuppe mit Ingwerchips —— 108
   Kohlrabigemüse mit Berberitzen —— 114
   Kohlrabigratin mit Kalbskotelett —— 116
   Schweinerückensteak an Kohlrabigemüse —— 115
   Zimt-Kabeljau auf Kohlrabi-Birnen —— 113
Kohlrabi, blau —— 108
Kohlrabi, weiß —— 108   113–116
Kohlrabiblätter —— 116
Kokosfett —— 87
Koriander —— 38   122   123   129   138
   Schwarzwurzelsuppe mit Korianderpesto —— 133
Koriander, gemahlen —— 87
Koriander, zerstoßen —— 69
Koriandersamen —— 52
Kräuterseitling
   Pastinakentaler mit Pilzen —— 84
Kresse, Rote-Bete- —— 121
Kreuzkümmel —— 51   87
Kubebenpfeffer —— 100
Kümmel —— 38
Kürbiskerne
   Bunter Rettichsalat mit Kürbiskernsauce —— 124
   Steckrübensalat mit Kürbiskernen —— 66
Kürbiskerne, geröstet —— 75
Kurkuma —— 76   78   93   117   132

L

Lachsfilet
   Lachsfiletpäckchen mit Pastinaken-Gemüse —— 91
Lachsschinken —— 78
Lammfond —— 62
Lammkotelett
   Lammkoteletts mit Meerrettichpesto-Kruste —— 138
Lammrücken
   Lammrückenfilet auf Stielrübenblättern und gewürfelten
   Speiserüben-Kartoffeln —— 62
Lauch —— 51   91   115   133
Lauchzwiebel —— 105   114   119
Lorbeerblatt —— 42   72   81   101   111   131
   Lorbeerkartoffeln im Rote-Bete-Farbenspiel —— 38

M

Maisstärke —— 41
Majoran, frischer —— 42   70–72   75
Majoran, gerebelt —— 53
Mandelblättchen —— 61   124
Mandelmus —— 106
Mandeln, geblättert —— 115
Mandeln, gehackt —— 57
Mandeln, gemahlen —— 43
Mandeln, geschält und gemahlen —— 129
Maronen
   Petersilienwurzel-Maronen-Suppe —— 103
Meerrettich —— 47   54   133
   Apfel-Meerrettich-Gemüsepfanne —— 136

Lammkoteletts mit Meerrettichpesto-Kruste —— 138
Meerrettich-Kartoffel-Puffer —— 137
Meerrettichblätter
Forelle im Meerrettichblättermantel —— 135
Meerrettichfrischkäse —— 99
Mehl —— 43 53 61 62 92 96 115 119 132 137
Mehl, Buchweizen- —— 72
Mehl, doppelgriffig —— 78
Mehl, Weck- —— 53
Milch —— 53 54 57 61 89 116 129 132
Minze —— 52 65 121 133
Miso —— 41
Muskatnuss —— 48 54 58 61 62 70–72 78 83
104 107 115 116 119 127–129 137

N

Natur-Apfelsaft —— 108 115 119
Noilly Prat —— 48 119 122

O

Orange —— 99
Gebutterte Petersilienwurzeln mit
Entenbrust an Orangensauce —— 100
Orangenmarmelade —— 114
Orangensaft —— 65 91 99 114 121

P

Panko-Brösel —— 119
Paprika edelsüß —— 95
Paprika —— 124
Parmesan —— 48 58 89 104
Pastinake
Lachsfiletpäckchen mit Pastinaken-Gemüse —— 91
Pastinaken-Auflauf —— 89
Pastinaken-Curry —— 87
Pastinaken mit Käse-Nuss-Kruste —— 88
Pastinakentaler mit Pilzen —— 84
Petersilie —— 71
Petersilie, glatt —— 48 52 53 58 61 66 83 88
91 100 103 116 123 132 133
Petersilienwurzel
Feine Gemüsesauce an Jakobsmuscheln
auf Petersilienpüree —— 107
Gebutterte Petersilienwurzeln mit
Entenbrust an Orangensauce —— 100
Petersilien-Gratin —— 104
Petersilienwurzel-Maronen-Suppe —— 103
Schwarzwurzel-Petersilienpüree mit Kalbsleber —— 132
Pfeffer, Cayenne- —— 87 114
Pfeffer, Kubeben- —— 100
Pfefferkörner —— 42
Pfefferkörner, schwarz —— 83 135
Pfefferkörner, weiß —— 69 72
Pfefferkuchengewürz —— 43
Pfefferschote, rot —— 118 122
Piment, gemörsert —— 100
Pimentkörner —— 83
Pistazien, gehackt —— 57
Puderzucker —— 122 127–129

Q

Quark —— 53
Quitte —— 71

R

Rehrücken
Rehrücken auf Sahne-Schwarzwurzeln —— 130
Rettich, schwarz
Bunter Rettichsalat mit Kürbiskernsauce —— 124
Saiblings-Tatar auf marinierten Rettichtalern —— 123
Scharfe Rettich-Garnelen-Pfanne —— 118
Rettich, Winter- —— 119 121 122
Risottoreis
Rote-Bete-Risotto mit Steinbutt —— 44
Roastbeef —— 99
Rohrzucker —— 43 53 57 60 77 100 123
Rohschinken, gewürfelt —— 128
Romana-Salatblätter —— 135
Rosinen —— 48 57
Rosmarin —— 69 72
Rot-weiße Bete
Lorbeerkartoffeln im Rote-Bete-Farbenspiel —— 38
Rote Bete
Aromatisierte Rote Bete mit Beefsteakstreifen —— 41
Borschtsch, die Slawische Rote-Bete-Verführung —— 42
Lorbeerkartoffeln im Rote-Bete-Farbenspiel —— 38
Rote-Bete-Knusperchips mit Dip —— 47
Rote-Bete-Kuchen im Glas —— 43
Rote-Bete-Risotto mit Steinbutt —— 44
Rote-Bete-Kresse —— 121
Rotwein —— 42 138
Rübstielblätter
Lammrückenfilet auf Stielrübenblättern und
gewürfelten Speiserüben-Kartoffeln —— 62
Rübstielsalat mit gebackenem Schafskäse —— 60
Rucola —— 122

S

Safranfäden —— 65
Sahne —— 44 48 52 62 65 78 83 89 96 107
108 113 116 119 124 129 133
Rehrücken auf Sahne-Schwarzwurzeln —— 130
Sahne, saure —— 42
Saiblingsfilet
Saiblings-Tatar auf marinierten Rettichtalern —— 123
Salzzitrone
Sellerie-Frites mit Salzzitronen-Mayonnaise —— 92
San-Daniele-Schinken —— 104
Saure Sahne —— 42
Schafskäse
Pastinaken mit Käse-Nuss-Kruste —— 88
Rübstielsalat mit gebackenem Schafskäse —— 60
Schalotte —— 44 48 108 114 115 119 136
Schmelzkäse —— 61
Schnittlauch —— 54 96 99 104 119
Schollenfilet
Schollenfilets auf mariniertem Winterrettich —— 119
Schwarzer Rettich —— 114 119 120

Bunter Rettichsalat mit Kürbiskernsauce —— 124

Exotisch gewürzter schwarzer Rettich —— 121

Rettichsalat mit Pesto-Calamares —— 122

Saiblings-Tatar auf marinierten Rettichtalern —— 123

Scharfe Rettich-Garnelen-Pfanne —— 118

Schollenfilets auf mariniertem schwarzen Rettich —— 119

Schwarzkümmel —— 121

Schwarzkümmelsamen —— 47

Schwarzwurzeln

Gratinierte Schwarzwurzeln —— 128

Rehrücken auf Sahne-Schwarzwurzeln —— 130

Schwarzwurzel-Blätterteig-Tarte —— 127

Schwarzwurzel-Petersilienpüree mit Kalbsleber —— 132

Schwarzwurzelsuppe mit Korianderpesto —— 133

Schwarzwurzeln mit Zanderfilet —— 129

Schweinerückensteak

Schweinerückensteak an Kohlrabigemüse —— 115

Schweineschmalz —— 42

Seeteufelbäckchen

Zuckerrüben, Kichererbsen und Seeteufelbäckchen —— 80

Sellerie

Sellerie-Fitmacher-Salat —— 99

Sellerie-Frites mit Salzzitronen-Mayonnaise —— 92

Sellerie-Suppe – Very british —— 96

Überbackene Selleriescheiben mit Gewürz-Couscous —— 95

Sellerie, Bleich- —— 52

Sellerie, Knollen- —— 42   92   95   96

Sellerie, Stangen- —— 44   96   108

Semmelbrösel —— 62   116   119   138

Sesam —— 41   80

Sesam, geschält —— 47

Sesam, ungeschält —— 65

Sesamsaat, schwarz —— 118   123

Skrei-Filet

Skrei im Zuckerrüben-Kartoffel-Gemüse —— 77

Sojasauce —— 118   123

Speck, gewürfelt —— 62

Speiserübe

Carpaccio von frischer Rübe —— 58

Lammrückenfilet auf Rübstielblättern und gewürfelten Speiserüben-Kartoffeln —— 62

Speiserübensuppe mit gerösteten Geflügelstreifen —— 65

Vegetarischer Speiserüben-Karottenauflauf —— 61

Speisestärke —— 108

Spinat, Babyblatt- —— 119

Stangensellerie —— 44   96   108

Steckrübe

Steckrübeneintopf —— 71

Steckrübeneintopf mit zweierlei Fleisch —— 70

Steckrübensalat mit Kürbiskernen —— 66

Steckrüben-Röstis mit Entenconfit —— 72

Überbackene Steckrüben mit italienischem Taleggio-Käse —— 69

Steinbutt

Rote-Bete-Risotto mit Steinbutt —— 44

Sternanis —— 58   83   130   132

Stilton-Käse —— 96

Suppenfleisch —— 42

Szechuanpfeffer —— 123

T

Tahini —— 80

Taleggio

Überbackene Steckrüben mit italienischem Taleggio-Käse —— 69

Thymian —— 42   60   71   72   83   100   115   127   129

Tomaten —— 71   89

Tomaten, geschält —— 95

Tomaten, getrocknet —— 60   87

Tomaten, Kirsch- —— 91

Tomatenmark —— 42

V

Vanillestange —— 78

Zuckerrübensuppe mit Vanille-Geschmack —— 83

Vanillinzucker —— 43

Vollmilchjoghurt —— 99

W

Wacholderbeeren —— 62   103

Walnusskerne —— 51   96   99   127

Pastinaken mit Käse-Nuss-Kruste —— 88

Wasabipaste —— 122

Weckmehl —— 53

Weißkohl —— 42

Weißwein —— 44   77   128   129   135

Wildkräuter —— 107

Winterkabeljau —— 77

Z

Zanderfilet

Schwarzwurzeln mit Zanderfilet —— 129

Zartbitterschokolade —— 43

Zimt —— 95   115

Zimt-Kabeljau auf Kohlrabi-Birnen —— 109

Zimtstange —— 79

Zitrone —— 48   51   80   88   116   119   133

Zitronensaft —— 42   44   60   86   93   94   101   102   117   128   131   132   137   140

Zitronenthymian —— 129

Zucker —— 42   47   58   61   91   95   99   113   114   119   124   136   138

Zucker, Puder- —— 122   127–129

Zucker, Rohr- —— 43   53   57   60   77   100   123

Zuckerrübe

Latwersch mit Zuckerrübensirup —— 79

Skrei im Zuckerrüben-Kartoffel-Gemüse —— 75

Zuckerrüben, Kichererbsen und Seeteufelbäckchen —— 80

Zuckerrüben-Spätzle – Orient meets Okzident —— 78

Zuckerrübensuppe mit Vanille-Geschmack —— 83

Zuckerrübensirup —— 79   115

Zwetschgen —— 79

Zwiebel —— 42   62   71   87   95   135

Zwiebel, Frühlings- —— 66

Zwiebel, Gemüse- —— 61   65   83   96

Zwiebel, Lauch- —— 107   118   123

Zwiebel, rot —— 44   80   84   138

Zwiebel, weiß —— 66   78   132

IMPRESSUM

© 2015 Fackelträger Verlag GmbH, Köln
Emil-Hoffmann-Straße 1
D-50996 Köln

Texte und Rezepte: Usch von der Winden, Wiesbaden
Fotografie, Requisite, Styling: Joerg Lehmann, Berlin
Foodstyling: Max Faber, Berlin
Redaktion: Svenja K. Sammet
Umschlaggestaltung, Layout und Satz : Ina Wild, Hamburg
Gesamtherstellung: Fackelträger Verlag GmbH, Köln

ISBN 978-3-7716-4608-0
Printed in China

www.fackeltraeger-verlag.de

TE BETE • KAROTTE • *Speiserübe* • STECKRÜ

RZEL • *Kohlrabi* • SCHWARZER RETTICH • S

Speiserübe • STECKRÜBE • ZUCKERRÜBE • S

WARZWURZEL • *Meerrettich* • ROTE BETE •

tinake • SELLERIE • PETERSILIENWURZEL •

errettich • ROTE BETE • KAROTTE • *Speiserübe*

ERSILIENWURZEL • *Kohlrabi* • SCHWARZER

ROTTE • *Speiserübe* • STECKRÜBE • ZUCKER

WARZER RETTICH • SCHWARZWURZEL •

BE • ZUCKERRÜBE • *Pastinake* • SELLERIE • P

HWARZWURZEL • *Meerrettich* • ROTE BETE

tinake • SELLERIE • PETERSILIENWURZEL •

errettich • ROTE BETE • *Speiserübe* • STECKRÜ

RZEL • *Kohlrabi* • SCHWARZER RETTICH • S

Speiserübe • STECKRÜBE • ZUCKERRÜBE •

WARZER RETTICH • SCHWARZWURZEL • •

BE • *Pastinake* • SELLERIE • PETERSILIENWU

RZEL • *Meerrettich* • ROTE BETE • KAROTTE

LERIE • PETERSILIENWURZEL • *Kohlrabi* • S

TE BETE • KAROTTE • *Speiserübe* • STECKRÜ

RZEL • SCHWARZER RETTICH • SCHWARZ